으뜸 비행사
잠자리

으뜸 비행사
잠자리

글 **정광수** × 그림 **옥영관**

보리

차례

잠자리 이모저모 6
- 언제부터 잠자리가 있었을까? 8
- 잠자리는 어떻게 살아남았을까? 9
- 곤충 무리에서 잠자리는 어디쯤 있을까? 10
- 잠자리는 어떻게 생겼을까? 12
- 실잠자리는 잠자리랑 어떻게 다를까? 14
- 세상 으뜸가는 비행사! 16
- 뒤로도 나는 실잠자리 18
- 잠자리는 모기 사냥꾼 19
- 잠자리 천적은 누구일까? 19

잠자리 한살이 20
- 잠자리는 어떻게 클까? 22
- 잠자리는 어떻게 짝짓기를 할까? 23
- 잠자리는 어디에 알을 낳을까? 24
- 암컷을 지키는 수컷 25
- 잠자리 알은 어떻게 생겼을까? 26
- 잠자리 애벌레가 나왔어! 28
- 잠자리 애벌레는 물속에서 살아 29
- 잠자리 애벌레는 물속에서 어떻게 숨을 쉴까? 30
- 잠자리 애벌레는 무엇을 먹을까? 31
- 잠자리 애벌레가 물 밖으로 나왔어! 32
- 잠자리 애벌레는 어떻게 날개돋이할까? 33
- 진짜 어른이 되는 잠자리 34
- 암수 몸빛이 전혀 다른 실잠자리 35

잠자리 봄, 여름, 가을, 겨울 36
- 봄에 나오는 잠자리 38
- 여름에 나오는 잠자리 40
- 꽁무니를 치켜드는 잠자리 41
- 여름 산에서 만날 수 있는 잠자리 42
- 도시에서 날아다니는 잠자리 44
- 가을에 나오는 잠자리 46
- 겨울에도 잠자리가 있을까? 47

우리 땅에 사는 잠자리 48
실잠자리 무리 50

물잠자리 무리 52
- 골짜기에 많이 사는 물잠자리 54
- 개울이나 냇가에 많이 사는 검은물잠자리 55

청실잠자리 무리 58
- 파란 눈을 가진 좀청실잠자리 58
- 나무에 알을 낳는 큰청실잠자리 59
- 겨울나기를 하는 가는실잠자리와 묵은실잠자리 60

실잠자리 무리 62
- 등이 까만 등검은실잠자리 63
- 까만 등 무늬가 있는 등줄실잠자리들 64
- 아주 잠깐 보이는 황등색실잠자리 66
- 서로 닮은 참실잠자리와 북방실잠자리 67
- 쌍둥이 같은 푸른아시아실잠자리와 북방아시아실잠자리 68
- 어디에서나 보이는 아시아실잠자리 70
- 몸빛이 발그스름한 연분홍실잠자리 71
- 풀 속으로 곤두박질하는 노란실잠자리와 새노란실잠자리 72

방울실잠자리 무리 74
- 하얀 버섯을 신은 방울실잠자리 74
- 등이 까만 자실잠자리와 큰자실잠자리 75

잠자리 무리 76

왕잠자리 무리 78
- 대왕 잠자리 왕잠자리 80
- 산속 연못에 사는 먹줄왕잠자리 82
- 별 같은 무늬가 있는 별박이왕잠자리 84
- 도깨비 같은 도깨비왕잠자리 86
- 갈대 사이로 날아다니는 긴무늬왕잠자리 87
- 남쪽 나라에서 날아오는 남방왕잠자리 88
- 배가 잘록한 잘록허리왕잠자리와 개미허리왕잠자리 89
- 배 옆에 노란 줄이 있는 황줄왕잠자리 90

측범잠자리 무리 92
- 우리나라에서만 사는 산측범잠자리와 노란배측범잠자리 94
- 덩치가 제법 큰 꼬마측범잠자리 95
- 표범 무늬가 있는 자루측범잠자리 96
- 큰 강에서 사는 어리측범잠자리 97
- 시냇가에 사는 쇠측범잠자리 98
- 닮은 듯 다른 가시측범잠자리와 검정측범잠자리 99
- 꽁무니가 갈구리를 닮은 노란측범잠자리 100
- 측범잠자리 가운데 가장 큰 어리장수잠자리 101
- 꼬리에 부채가 달린 부채장수잠자리 102
- 부채장수잠자리와 닮은 어리부채장수잠자리 103

장수잠자리 무리 104
- 우리나라에서 가장 큰 장수잠자리 104

청동잠자리 무리 106
- 알 뭉치를 떨어뜨리는 언저리잠자리 106
- 제주도에서도 만날 수 있는 백두산북방잠자리 107

잔산잠자리 무리 108
- 호수를 지배하는 산잠자리 108
- 구슬처럼 영롱한 눈을 가진 잔산잠자리 109

잠자리 무리 110
- 세상에서 가장 작은 꼬마잠자리 112
- 거북 등딱지 무늬가 있는 대모잠자리 113
- 왕잠자리도 쫓아내는 넉점박이잠자리 114
- 쉴 새 없이 싸우는 배치레잠자리 115
- 꽁무니가 파란 밀잠자리 무리 116
- 가을 고추처럼 빨간 고추잠자리 120
- 피서를 가는 고추좀잠자리 121
- 날개 끝이 거무스름한 깃동잠자리와 날개띠좀잠자리 122
- 얼굴에 까만 점이 있는 두점박이좀잠자리 124
- 아기처럼 작은 애기좀잠자리와 기후 변화를 알리는 하나잠자리 125
- 허리가 하얀 노란허리잠자리 126
- 나비처럼 나풀나풀 나는 나비잠자리 127

저자 소개 128

잠자리 이모저모

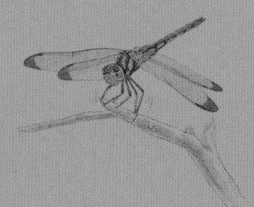

하늘 높이 날아다니다
풀 위에 사뿐히 앉는 잠자리
살금살금 다가가
맨손으로 냉큼 잡는 잠자리

잠자리는 어떤 곤충일까?
잠자리는 언제 나타났을까?
잠자리는 어떻게 생겼을까?

언제부터 잠자리가 있었을까?

지구에 잠자리가 처음 생겨난 때는 지금부터 3억 년 전쯤이야.
지구에 처음으로 나타난 날개를 가진 곤충 가운데 하나지.
잠자리는 맨 처음으로 하늘을 마음대로 훨훨 날아다닌 곤충이야.
메뚜기와 매미 같은 곤충은 잠자리보다 훨씬 뒤에 나타나.
그때부터 잠자리는 지금까지 사라지지 않고 오랫동안 진화를 거듭해 살아남았지.

3억 년 전 석탄기 때에는 크기가 75센티미터나 되는 커다란 잠자리가 하늘을 날아다녔어.
이 잠자리 이름이 메가네우라(Meganeura monyi)야.
1미터 가까이 되는 잠자리가 하늘을 날아다녔다고 상상해 봐.
이때는 지금보다 지구에 산소가 더 많아서 곤충 몸이 훨씬 컸대.
요즘 잠자리 가운데 가장 큰 잠자리인 인젠티시마(Petalura ingentissima)가 12센티미터쯤 되고,
우리나라에서 가장 큰 장수잠자리는 10센티미터쯤 되니 옛날 잠자리가 얼마나 큰지 알겠지?

잠자리는 어떻게 살아남았을까?

잠자리는 몸집도 조그맣고 별다른 무기도 없어 보이는데 어떻게 3억 년 동안이나 살아남았을까?

첫 번째 비밀　애벌레 때 물속에서 살아

물속은 땅 위보다 애벌레를 노리는 동물이 훨씬 적어. 또 흙바닥 진흙 속,
물풀 사이, 바위틈에 아주 감쪽같이 숨을 수 있어.
더구나 잠자리 애벌레는 아주 힘이 세서 작은 물고기도 잡아먹을 수 있어.

두 번째 비밀　누구도 따라올 수 없는 비행 실력

잠자리는 재빠르게 날기도 잘하고, 가만히 제자리에서 날 수도 있어.
날개가 달린 가슴이 아주 두툼해서 아무리 날갯짓해도 지치지 않아.
또 하늘을 날 수 있으니 애벌레가 더 살기 좋은 곳으로 찾아갈 수 있어.

세 번째 비밀　둘레를 훤히 볼 수 있는 겹눈

잠자리 겹눈은 아주 커서 앞뿐만 아니라 양옆까지 넓게 볼 수 있어.
그래서 먹이도 쉽게 찾아내고, 천적이 오면 얼른 눈치채고 도망갈 수 있지.

크고 두툼한 가슴
왕잠자리

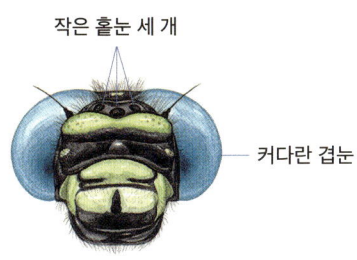
작은 홑눈 세 개
커다란 겹눈
노란측범잠자리 얼굴

밀잠자리 암컷

부채장수잠자리 수컷

고추좀잠자리

새노란실잠자리

왕잠자리 애벌레

밀잠자리 애벌레

큰청실잠자리 애벌레

곤충 무리에서 잠자리는 어디쯤 있을까?

동물을 크게 등뼈가 있는 동물과 없는 동물로 나누고, 등뼈가 없는 동물 가운데 몸이 마디로 나뉘는 동물을 '절지동물', '마디동물'이라고 해.
몸이 마디로 나뉜 동물을 떠올려 봐.
우리가 즐겨 먹는 게, 새우도 몸이 마디로 되어 있어.
거미도 그렇고, 수많은 다리로 바닥에 기어 다니는 노래기나 지네도 몸에 마디가 있어.
아주 오래전에 살았던 삼엽충이라는 벌레도 몸이 마디로 나뉘어 있지.

삼엽충   게

거미   지네

절지동물 가운데 몸이 크게 머리, 가슴, 배로 나뉘는 동물을 곤충이라고 해. 곤충은 다리가 여섯 개 달렸어.
지구에 사는 동물 가운데 수가 가장 많은 동물이 바로 곤충이야. 잠자리는 곤충 가운데 한 무리지.
자, 이제 잠자리가 곤충 무리 가운데 어디쯤 있는지 찾아볼까?

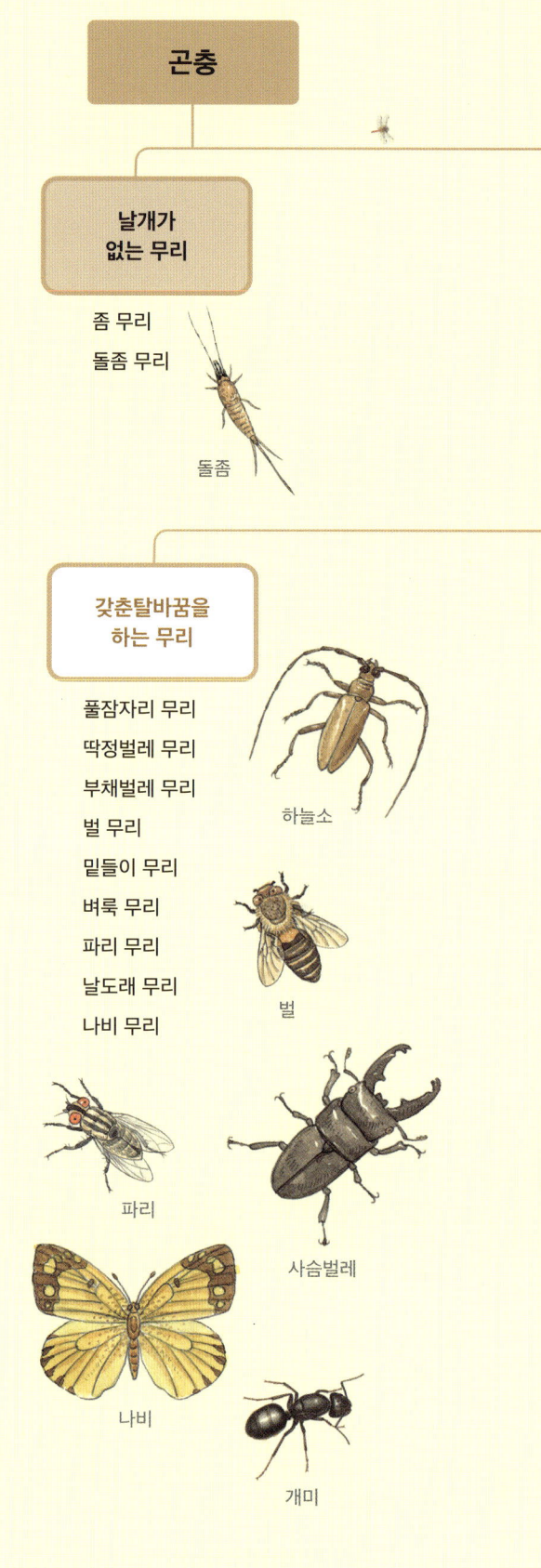

곤충

날개가 없는 무리
좀 무리
돌좀 무리

돌좀

갖춘탈바꿈을 하는 무리
풀잠자리 무리
딱정벌레 무리
부채벌레 무리
벌 무리
밑들이 무리
벼룩 무리
파리 무리
날도래 무리
나비 무리

하늘소

벌

파리

사슴벌레

나비

개미

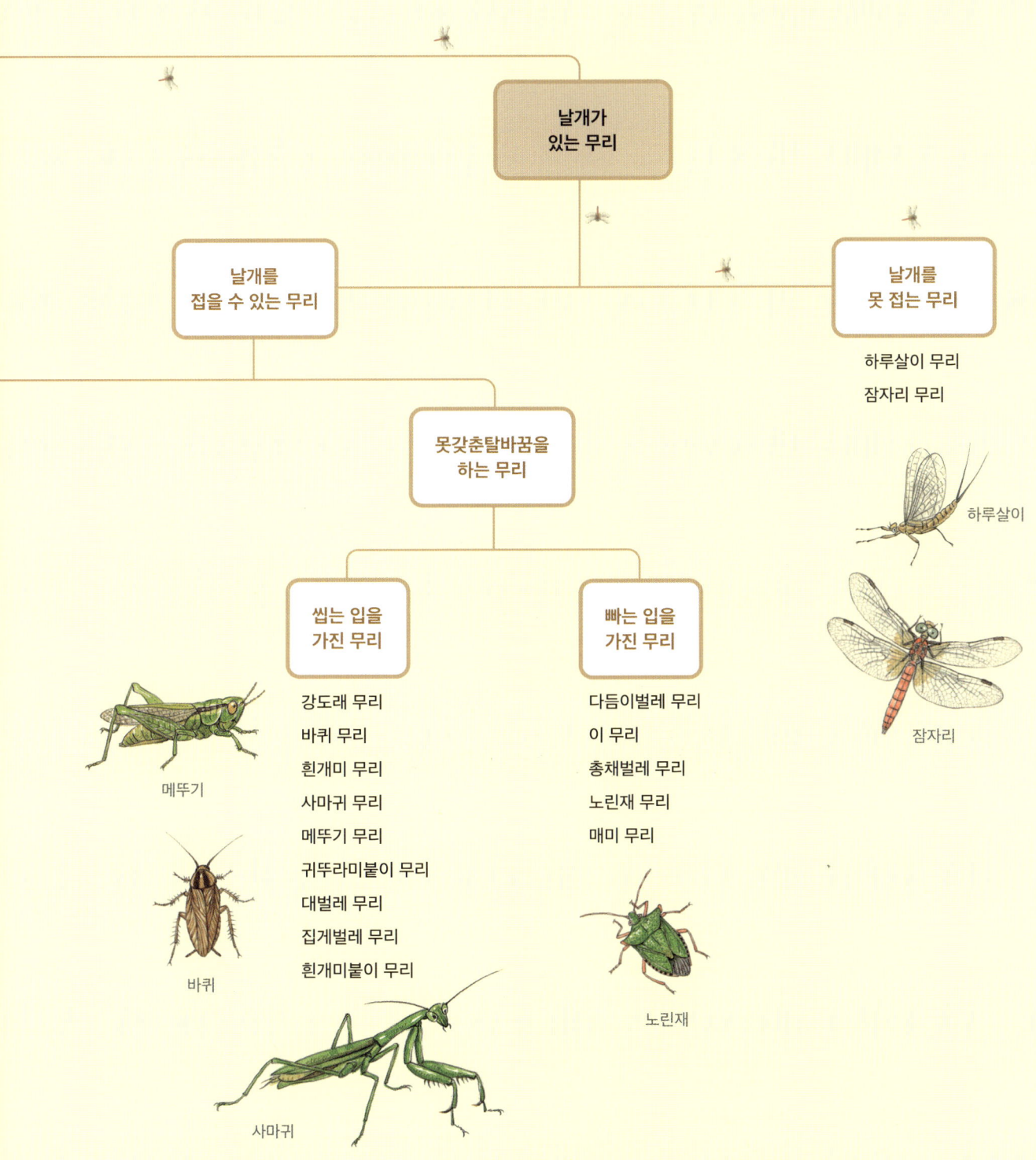

잠자리가 어디에 있는지 찾았어? 잠자리는 날개가 있지만 접지 못하는 곤충이야.
그래서 하늘을 날 때뿐만 아니라 풀 위에 앉아 있을 때도 날개를 펴고 앉아.
그리고 애벌레에서 어른벌레가 될 때 번데기를 거치지 않고 곧장 어른이 되는 곤충이야.

잠자리는 어떻게 생겼을까?

잠자리를 잡아서 요리조리 자세히 살펴본 적 있어?
잠자리는 다른 곤충이랑 어디가 어떻게 다를까?

겹눈
자그마한 낱눈이 모여 있어.
낱눈 하나하나로 보기 때문에
세상이 모자이크처럼 보인대.
왕잠자리처럼 큰 잠자리는
낱눈이 28,000개쯤 있고, 겹눈이
작은 실잠자리 무리는 10,000개쯤 모여 있어.
겹눈 사이 이마에는 아주 작은 홑눈이 세 개 있어.
홑눈은 빛이 밝은지 어두운지를 알아서
겹눈이 더 잘 볼 수 있도록 도와.

입
입에는 아주 날카로운 이빨이 있어.
입틀 속에 감추고 있다가
먹이를 먹을 때 써.

날개
날개는 두 쌍이야.
아주 얇고 빳빳하고,
이리저리 줄기가 뻗어 있어.
이 줄기를 '날개맥'이라고 해.

옆가슴과 등가슴
가슴 옆과 등에 난 무늬는
잠자리마다 달라.

노란측범잠자리

머리 / 가슴 / 배

다리
다리는 세 쌍인데
날카로운 가시가 잔뜩 나 있어.
먹이를 잡거나 매달려 앉을 때 쓰지만
사람처럼 걷지는 못해.

더듬이
더듬이는 다른 곤충보다 아주 작아.
짧은 수염 같아.

머리 뒤 무늬
실잠자리 무리는 머리 뒤쪽에
저마다 독특한 무늬가 있어.

수컷 교미기
잠자리 수컷은 배 2~3번째 마디에
짝짓기 때 쓰는 기관이 있어.
배 8번째 마디에 있는 정자 주머니에서 이곳으로
정자를 옮긴 뒤 암컷과 짝짓기를 해.

배마디
잠자리는 여느 곤충처럼
배가 10마디로 되어 있어.
잠자리마다 배에 독특한 무늬가 있어.

부속기
배 꽁무니에는 길쭉한 꼬리 같은 것이 달려 있어.
이것을 '부속기'라고 해. 이 부속기 생김새는 잠자리마다 달라. 수컷은 짝짓기할 때 이 부속기로 암컷을 꽉 움켜쥐어.
하지만 암컷은 부속기로 수컷을 움켜쥐지 않아.

산란관 또는 산란판
잠자리 암컷은 여덟 번째 마디에 알을 낳는 기관이 있어.
이 기관을 '산란관' 또는 '산란판'이라고 해.
산란관은 침처럼 뾰족하고, 산란판은 빨래판처럼 넓적해.
실잠자리와 왕잠자리 무리는 침처럼 생긴 산란관을
식물에 찔러 넣고 알을 낳아. 산란판은 식물 줄기에
알을 붙이거나 그냥 자연스럽게 떨어뜨리는 역할을 해.

수컷 부속기   암컷 부속기

암컷 산란관

여기서 잠깐!
잠자리는 겹눈이 아주 커서 앞과 뒤까지 보잖아. 그런데 풀 줄기에서 가만히 웅크리고 있는 사마귀한테는 꼼짝없이 당하곤 해.
움직이지 않는 곤충이나 동물들은 모자이크처럼 희미하게 보이기 때문이야.
그래서 살금살금 천천히 다가가면 잠자리를 쉽게 잡을 수 있어.
잠자리가 사람을 둘레에 있는 나무나 바위인 줄 알고 바로 날아가지 않는대.

실잠자리와 잠자리는 어떻게 다를까?

잠자리는 크게 실잠자리 무리와 잠자리 무리로 나눠.
실잠자리 무리는 몸이 가늘고 앞날개와 뒷날개 생김새가 거의 같아.
잠자리 무리는 몸이 굵고 앞날개와 뒷날개 생김새가 달라. 크기도 뒷날개가 더 커.

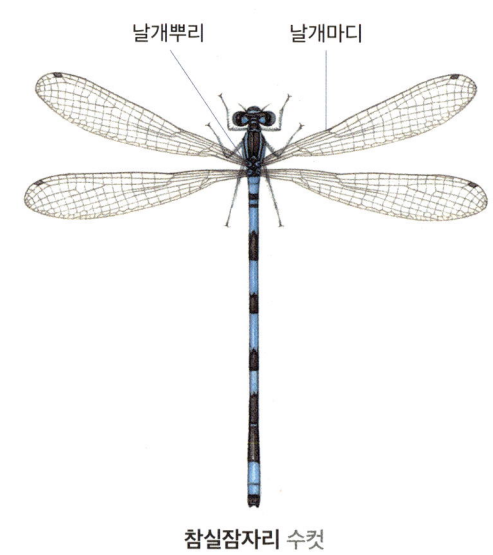

참실잠자리 수컷

밀잠자리 수컷

날개를 자세히 봤을 때 날개 앞쪽 날개뿌리와 날개마디 사이에
세로로 난 날개맥이 2개뿐이면 실잠자리야.
잠자리는 그 사이에 세로로 난 날개맥이 아주 많아.

우리나라에는 실잠자리 무리가 35종쯤 살고, 잠자리는 88종쯤 살아.
실잠자리 무리는 물잠자리 무리, 실잠자리 무리,
방울실잠자리 무리, 청실잠자리 무리로 다시 나눌 수 있어.
잠자리 무리는 다시 왕잠자리 무리, 측범잠자리 무리, 장수잠자리 무리,
청동잠자리 무리, 잔산잠자리 무리, 잠자리 무리로 나눌 수 있어.
같은 무리에 드는 잠자리는 서로 닮은 곳이 있어.
실잠자리 무리와 방울잠자리 무리, 청실잠자리 무리를 한번 살펴볼까?

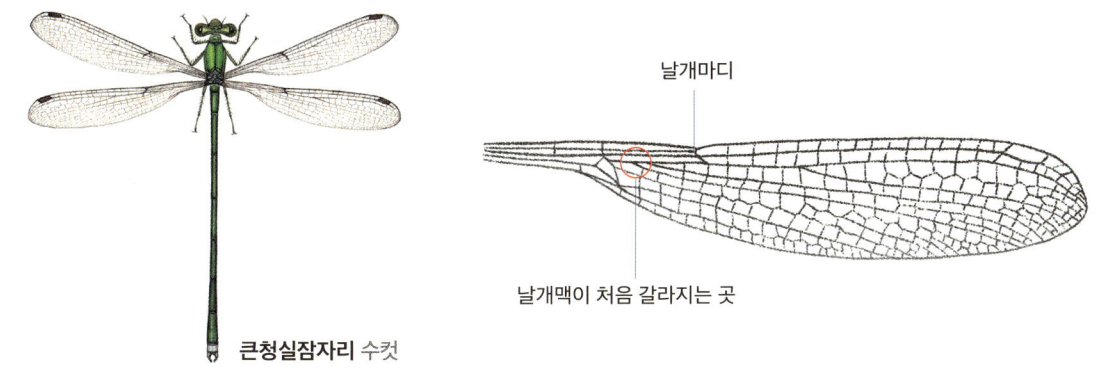

청실잠자리 무리 날개마디와 멀찍이 떨어져서 날개맥이 갈라져.

큰청실잠자리 수컷

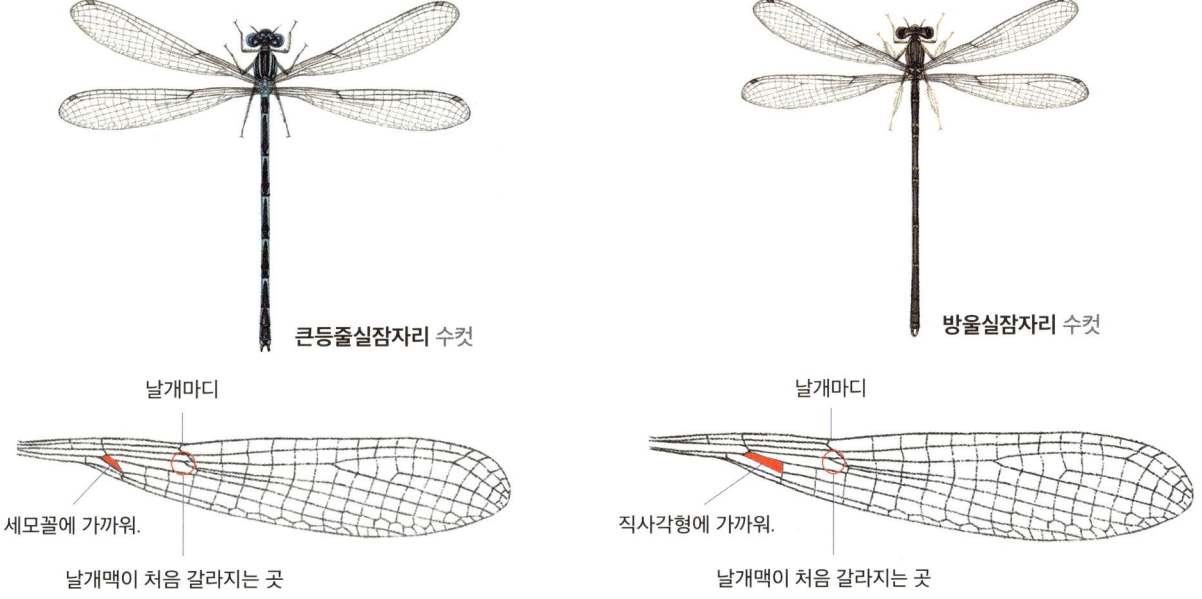

실잠자리 무리와 방울실잠자리 무리 날개마디 가까이에서 날개맥이 갈라져.

큰등줄실잠자리 수컷

방울실잠자리 수컷

실잠자리 무리와 방울실잠자리 무리는 '사각실'이라고 하는 날개맥 생김새가 달라.
실잠자리 무리는 세모꼴에 가까운데, 방울실잠자리 무리는 직사각형에 가까워.

세상 으뜸가는 비행사!

잠자리는 곤충 가운데 가장 잘 날아. 느긋하게 나는가 싶다가도 갑자기 재빠르게 날아.
위로 불쑥 날아올랐다가 아래로 뚝 떨어지고, 왼쪽으로 꺾었다가도 곧장 오른쪽으로 다시 꺾어.
그러다가 제자리에 딱 멈춰 날기도 하지.
이렇게 날면서 먹이도 잡고, 자기 사는 곳에 들어온 다른 잠자리도 쫓아내.

큰밀잠자리 수컷

노란측범잠자리 수컷

왕잠자리 수컷

어리장수잠자리 암컷

잔산잠자리 수컷

밀잠자리

밀잠자리

노랑나비

노랑나비

애홍점박이무당벌레

딱정벌레는 딱지날개가 무거워서 잘 못 날아.

나비는 왜 잠자리처럼 재빠르게 못 날까?
잠자리랑 나비 날개를 함께 살펴보면 그 까닭을 알 수 있어.
먼저 날개 생김새가 다르지? 나비 날개는 넓적하고, 잠자리 날개는 길쭉해.
이렇게 생김새가 달라서 잠자리가 더 잘 나는 걸까?
더 찬찬히 잠자리 날개를 보면 날개 앞쪽 가운데가
마치 마디가 있는 것처럼 움푹 들어갔지? 이 마디를 한자말로 '결절'이라고 해.
이 마디는 다른 곤충 날개에는 없어. 잠자리 날개에는 이 마디가 있어서
나비와 달리 날개가 휘지 않아. 날개가 휘지 않으니 더 힘차게 날 수 있어.
그래서 나비는 이리 빼뚤 저리 빼뚤 나풀나풀 날지만, 잠자리는 이리 쌩쌩 저리 쌩쌩 재빠르게 날지.

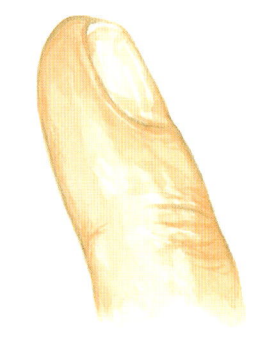

뒤로도 나는 실잠자리

심지어 실잠자리들은 좁은 수풀 사이를 자유롭게 날아다녀.
앞으로 날다가 뒤로도 날 수 있어. 날개를 뒤집어 거꾸로도 날거든.

황등색실잠자리 수컷

날개무늬

날개가 뒤집혀 뒤로 날 수 있어.
뒤로 날 때는 날개무늬가 뒤에 있지.

실잠자리들은 풀잎 위에 앉은 먹이에게 날아가 턱으로 사냥해.
그런 뒤 원래 자리로 되돌아와 먹이를 먹어. 이렇게 되돌아올 때는 뒤로 날아.

난 뒤로도 날 수 있지!

노란실잠자리 수컷

실잠자리들은 풀잎뿐만 아니라 빽빽한 수풀 속 풀 줄기에 앉은 먹이도 사냥할 수 있어.
수풀 속에서는 뒤로 날 수 없으면 먹이를 사냥하기 어려워. 앞이나 위아래로 날아갈 공간이 거의 없거든.
실잠자리들은 뒤로 날 수 있기 때문에 풀 줄기에 앉은 먹이를 사냥할 수 있지.
왕잠자리나 고추잠자리 같은 잠자리 무리들은 풀 줄기에 앉은 먹이를 사냥할 수 없어.

잠자리는 모기 사냥꾼

잠자리는 잘 날 뿐만 아니라 힘도 아주 세. 작은 곤충은 잠자리한테 꼼짝도 못 하지.
잠자리가 가장 좋아하는 먹이는 뭘까? 바로 한여름 밤에 우리를 괴롭히는 모기야.
잠자리는 하루에 모기를 200마리 넘게 잡아먹어.
그래서 서양에서는 잠자리를 '모기 사냥꾼'이라고 한대. 잠자리 애벌레는 물속에서
모기 애벌레인 장구벌레를 잡아먹고, 어른벌레는 모기를 잡아먹으니 참 고맙지?
잠자리는 모기 말고도 하루살이나 깔따구 같은 작은 곤충도 잡아먹지.

잠자리는 모기를 하루에 200마리 넘게 잡아먹어.

모기

하루살이

깔따구

우리가 많으면 한여름 밤에 편하게 잘 수 있을 거야.

잠자리 천적은 누구일까?

하늘을 재빠르게 날아다니는 잠자리를 따라잡을 곤충은 거의 없을 거야.
그런데 이렇게 재빠른 잠자리를 잡아먹는 곤충이 있어. 바로 사마귀와 거미야.
사마귀와 거미는 힘들게 잠자리를 쫓아다니지 않아. 그냥 제자리에서 가만히 잠자리를 기다리지.

사마귀는 낫처럼 휘어진 앞발 두 개를 가만히
사리고 잠자리가 날아오기만 기다려.
잠자리가 쉬려고 풀에 앉으면
득달같이 달려들어 잠자리를 잡지.

거미줄은 가늘어서 잠자리 눈에 잘 안 띄어.
잠자리가 거미줄에 걸리면 거미가 재빨리 와서
잠자리 몸을 거미줄로 칭칭 감아.
그러면 제아무리 잠자리라도 꼼짝 못 해.

잠자리 한살이

잠자리가 짝짓기하는 모습 본 적 있어?
잠자리는 어떻게 짝짓기를 할까?
잠자리는 어떻게 어른이 될까?
잠자리 애벌레는 어른벌레랑 똑같이 생겼을까?
잠자리 애벌레는 어디에 살까?

잠자리는 어떻게 클까?

잠자리는 여느 곤충처럼 알에서 애벌레가 깨어나.
알에서 나온 애벌레는 이것저것 먹이를 먹고 지내다가 어른벌레가 돼.

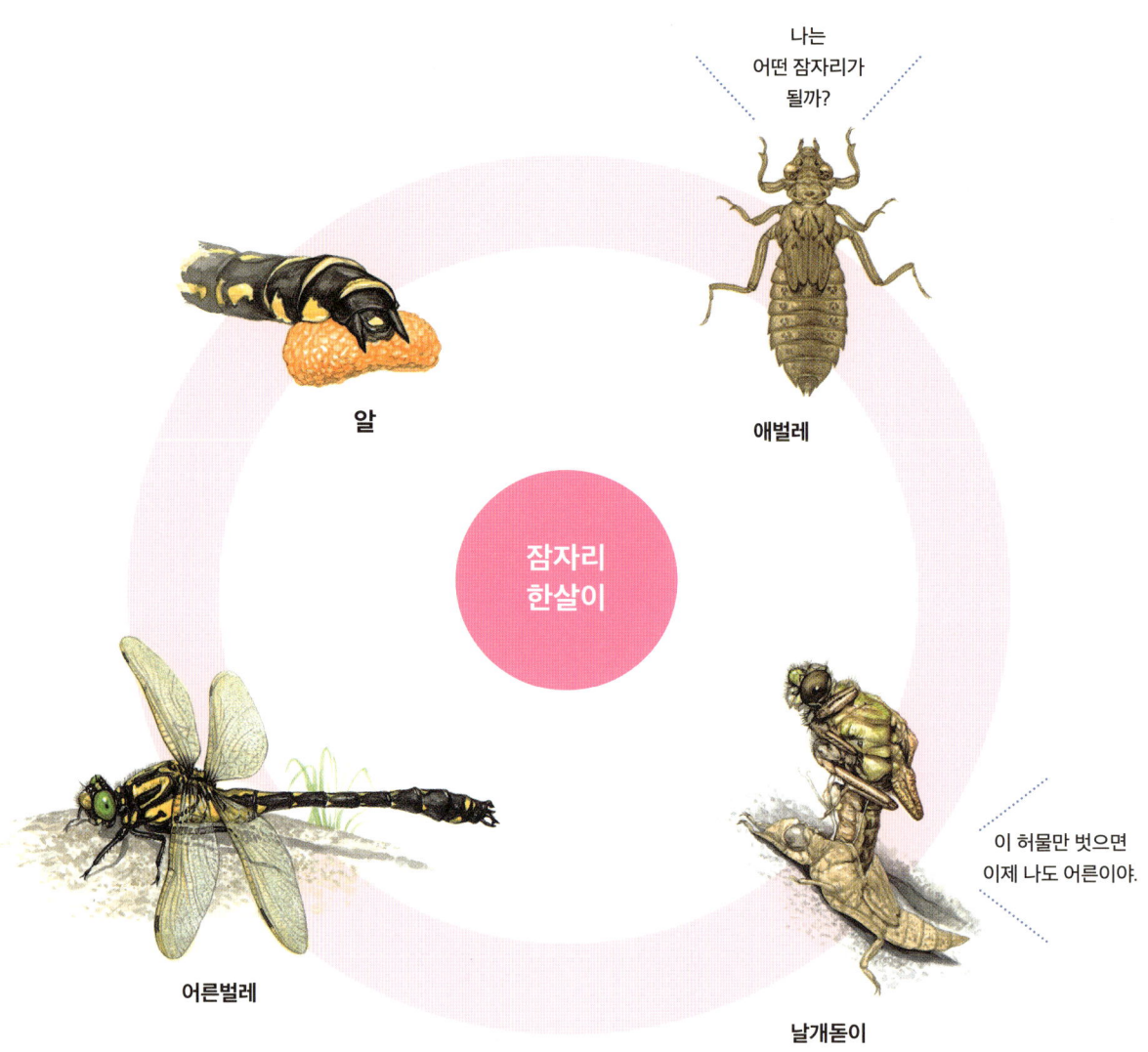

애벌레에서 번데기로 탈바꿈하는 다른 곤충과 달리
잠자리는 번데기를 안 거치고 바로 어른벌레로 날개돋이를 해.
이렇게 번데기를 안 거치고 어른이 되는 곤충을 '안갖춘탈바꿈'을 하는 곤충이라고 해.
다 큰 애벌레가 그냥 마지막 허물을 벗으면 어른벌레가 되는 거야.
잠자리는 몇 살까지 살까?
장수잠자리는 서너 해쯤 살지만 다른 잠자리들은 한두 해밖에 못 살아.

잠자리는 어떻게 짝짓기를 할까?

잠자리는 짝짓기하는 자세가 다른 곤충과 많이 달라.
꼭 하트 모양처럼 배를 서로 구부려 짝짓기해. 왜 이런 자세를 잡을까?
짝짓기하려면 수컷이 암컷을 붙잡아야 하는데, 잠자리는 날개를 접지 않고
펼치고 있어서 수컷이 암컷을 다리로 붙잡을 수 없어.
그래서 배 끝에 따로 부속기를 만들어 암컷 머리나 앞가슴을 붙잡아.
그러다 보니 수컷 배 끄트머리에 있는 정자 주머니가 암컷 머리 쪽에 있으니까
짝짓기를 제대로 할 수 없게 되었지. 그래서 수컷은 배 2~3번째 마디로
정자를 옮겨서 암컷과 짝짓기를 해. 암컷은 수컷 정자를 얻으려고
배를 구부리다 보니 이런 자세를 잡게 되었어.

짝짓기를 할 때 앞에 있는
잠자리가 늘 수컷이야.
실잠자리 무리는 수컷이
암컷 앞가슴을 부여잡아.
실잠자리 수컷 꽁무니에는
갈고리가 위아래로 두 개씩 있어.

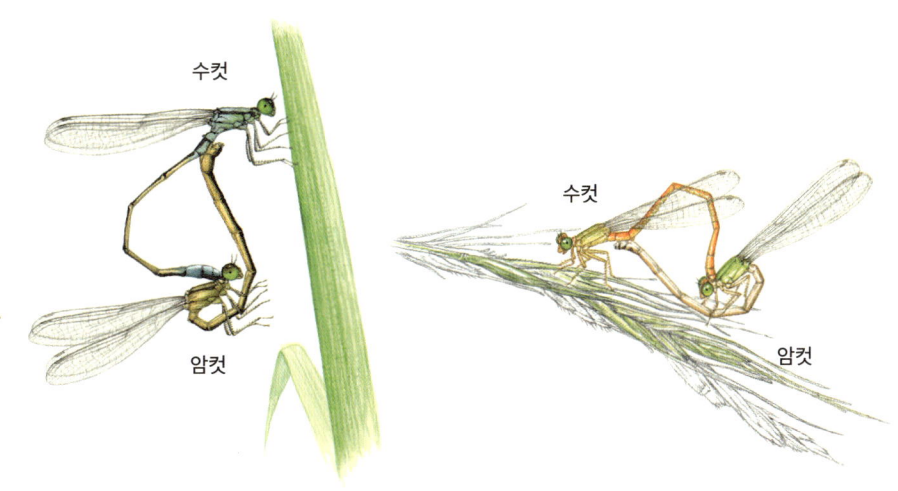

북방아시아실잠자리 짝짓기   새노란실잠자리 짝짓기

깃동잠자리 짝짓기   큰밀잠자리 짝짓기

잠자리 무리는 앞에 있는 수컷이
암컷 뒷머리를 부여잡아.
잠자리 수컷 꽁무니에는
갈고리가 위에 두 개,
아래에 한 개 있어.

잠자리는 어디에 알을 낳을까?

잠자리는 애벌레일 때 물속에서 살기 때문에 물에다 알을 낳아.
물 위를 낮게 날면서 배 꽁무니로 물낯을 톡톡 치면서 알을 낳지.
몇몇 잠자리는 물풀 줄기 속, 물가 진흙이나 이끼에 알을 낳기도 하고,
물 밖에서 알을 떨어뜨리기도 해.

부채장수잠자리 암컷이 꽁무니로
물낯을 두드리며 알을 낳고 있어.
많은 잠자리 암컷이 이렇게 알을 낳아.

먹줄왕잠자리 암컷이 물풀 줄기 속에 알을 낳고 있어.
실잠자리 무리와 왕잠자리 무리가
이렇게 물풀 줄기 속에 알을 낳아.

깃동잠자리가 하늘을 날면서 물 위에서 알을 낳고 있어.
알은 물에 떨어져 바닥으로 가라앉아.
쇠측범잠자리, 여름좀잠자리도 알을 뿌려 물에 떨어뜨려.

잘록허리왕잠자리 암컷이 진흙에 알을 낳고 있어.
황줄왕잠자리는 연못가 이끼에 알을 낳고,
개미허리왕잠자리처럼 개울가 썩은 나무나
이끼에 알을 낳는 잠자리도 있어.

암컷을 지키는 수컷

잠자리는 암컷과 수컷이 이어진 채 함께 날아가 알을 낳기도 해.
수컷이 암컷을 지키는 거야. 암컷을 노리는 천적한테서 지키는 걸까?
아니야. 다른 잠자리 수컷이 암컷에게 가까이 못 오게 지키는 거야.
짝짓기를 못 한 다른 수컷이 암컷을 가로채서 짝짓기할 때도 있거든.
이렇게 알을 낳는 암컷을 지키는 수컷 행동을 한자말로 '산란 경호'라고 해.

밀잠자리 암컷이 꽁무니를
물낯에 톡톡 두드리며
알을 낳고 있어.
수컷이 암컷 위를 날면서
다른 수컷이 못 오게 지키고 있네.
된장잠자리나 고추좀잠자리도
이렇게 암컷을 지켜.

새노란실잠자리 암컷이
알을 낳으려고 해.
수컷은 암컷 가슴을
꽉 잡고 함께 다녀.
우뚝 서서 다른 수컷이
오는지 지켜보고 있어.

잠자리 알은 어떻게 생겼을까?

잠자리는 알을 많이 낳아. 왕잠자리처럼 몸집이 크고 알이 큰 잠자리는 알을 300개쯤 낳고, 밀잠자리처럼 알이 작은 잠자리는 1,000개쯤 낳아. 잠자리 알은 달걀처럼 동그랗거나 홀쭉한 원통처럼 생겼어. 알 생김새가 이렇게 다른 까닭은 알 낳는 방법이 다르기 때문이야.

알 생김새가 홀쭉한 잠자리

왕잠자리나 실잠자리 들은 알 낳는 대롱이 뾰족해. 그래서 물풀 줄기 속에 대롱을 꽂고 알을 낳지. 그래서 알 생김새가 홀쭉하게 생겼어.

물잠자리와 알

노란실잠자리와 알

좀청실잠자리와 알

황줄왕잠자리와 알

별박이왕잠자리와 알

언저리잠자리와 알

알 생김새가 동그란 잠자리

하늘을 날면서 알을 뿌리거나, 물낯을 톡톡 두드리며 낳는 잠자리는 알이 달걀처럼 동그랗게 생겼어.

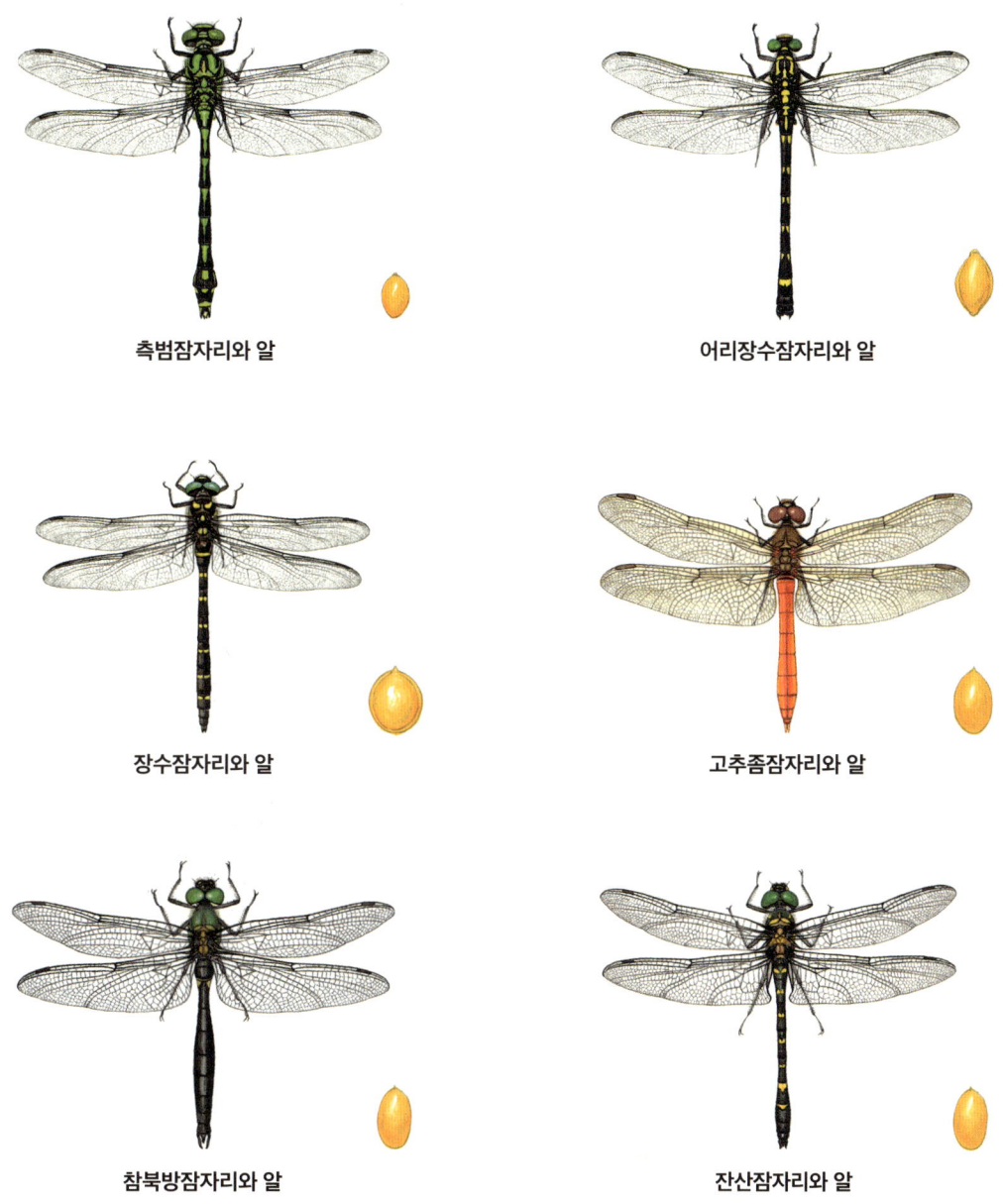

측범잠자리와 알

어리장수잠자리와 알

장수잠자리와 알

고추좀잠자리와 알

참북방잠자리와 알

잔산잠자리와 알

잠자리 알은 아주 조그맣고 물속이나 물풀 줄기 속에 있기 때문에 눈으로 찾아보기는 참 힘들어.
실잠자리 무리는 알 크기가 1밀리미터 안팎이고, 왕잠자리 무리는 2밀리미터 안팎이야.
알은 물이 마르거나 온도가 낮아도 잘 견뎌. 별박이왕잠자리 무리는 알로 긴 겨울을 나.
별박이왕잠자리처럼 알로 겨울나기를 하는 잠자리는 120~230일쯤 알로 지내고
이듬해 봄에 알을 깨고 애벌레가 나와. 다른 잠자리 알들은 7~40일쯤 지나면
애벌레가 나오고 물속에서 애벌레로 겨울을 나.

잠자리 애벌레가 나왔어!

잠자리 애벌레를 본 적이 있어?
어른 잠자리와 영 딴판인 애벌레를 보면 깜짝 놀랄 수도 있어.
생김새는 어른벌레와 사뭇 다르지만,
자세히 살펴보면 어른이 될 채비는 다 갖추고 있어.

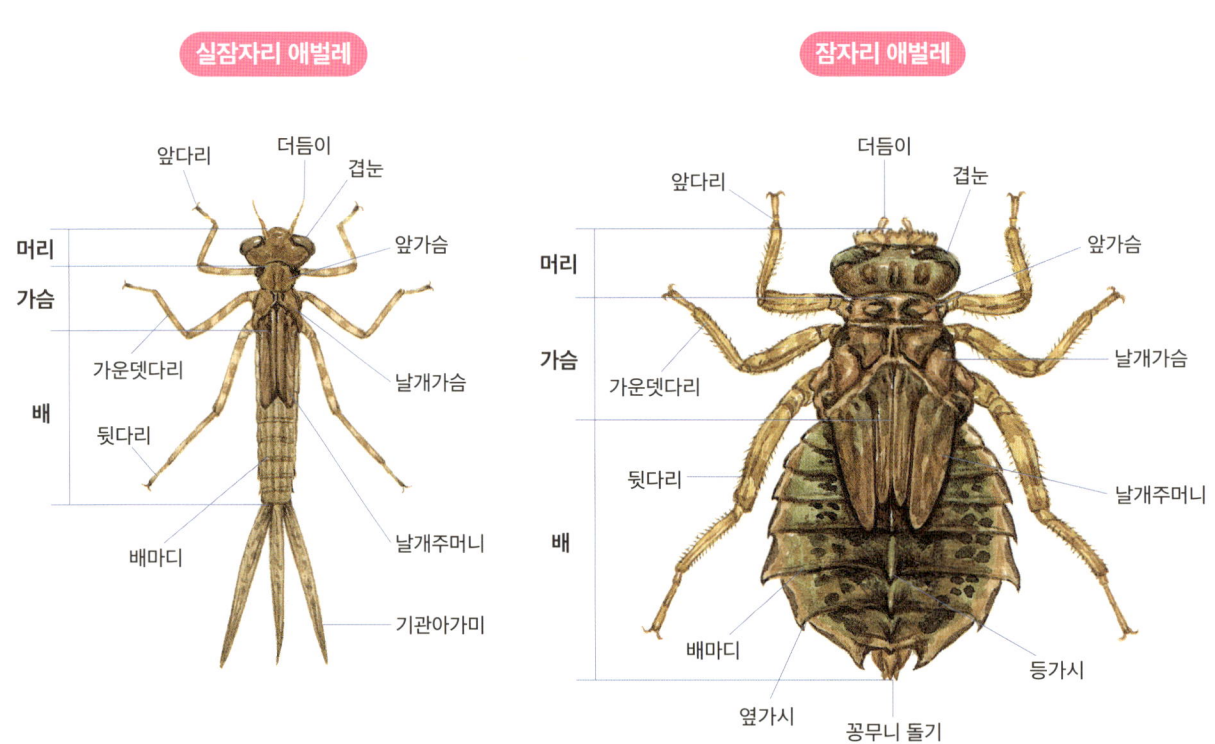

같은 애벌레라도 실잠자리 애벌레와 잠자리 애벌레는 생김새가 사뭇 달라.
실잠자리 애벌레는 몸이 가늘고 길어.
또 꼬리 끝에 나뭇잎처럼 생긴 기관아가미가 세 개 달려 있어.
잠자리 애벌레는 몸이 굵고 튼튼하게 생겼고, 꼬리 끝에는 날카로운 가시 같은 것이 있지.

잠자리 애벌레는 물속에서 살아

어른 잠자리는 하늘 위를 이리저리 날아다니지만, 잠자리 애벌레는 물고기처럼 물속에서 살아. 하지만 물고기와 달리 지느러미가 없으니까 그저 물 밑바닥에서 어슬렁어슬렁 기어 다니거나 진흙 속이나 물풀 속에 감쪽같이 숨어 있지.
잠자리 애벌레는 물 바닥에 있으면 눈에 잘 안 띄어.
몸빛이 바닥 진흙이나 모래 빛깔과 비슷하거든. 이런 몸빛을 '보호색'이라고 해.

노란잔산잠자리 애벌레는 모래가 쌓인 곳에서 살아.

노란측범잠자리 애벌레는 자갈 바닥에서 살아.

여러 가지 잠자리 애벌레

물잠자리 애벌레

고추잠자리 애벌레

잔산잠자리 애벌레

언저리잠자리 애벌레

방울실잠자리 애벌레

왕잠자리 애벌레

어리부채장수잠자리 애벌레

장수잠자리 애벌레

잠자리 애벌레는 물속에서 어떻게 숨을 쉴까?

잠자리 애벌레는 물고기도 아닌데 물속에서 살다니 참 신기하지?
잠자리 애벌레는 물고기처럼 물속에서 숨을 쉴 수 있는 아가미가 있어.
그런데 물고기 아가미와는 영 딴판으로 생겼지.

실잠자리 애벌레 꽁무니를 잘 봐. 나뭇잎처럼 길쭉한 게 보이지? 그게 아가미야.
물고기 아가미는 머리 양쪽에 있는데 실잠자리 애벌레 아가미는 이렇게 꽁무니 밖으로 나와 있어.
이 아가미로 숨을 쉬는 거야. 이 아가미를 '기관아가미'라고 해.

잠자리 애벌레 아가미는 실잠자리 애벌레와 달리 꽁무니 속에 있어서 겉으로 보이지 않아.
잠자리 애벌레는 꽁무니로 물을 들이킨 다음 배 속에 있는 아가미로 숨을 쉬어. 이 아가미를 '직장아가미'라고 해.
이 물을 세게 내뿜으면 마치 로켓처럼 앞으로 빠르게 나아갈 수 있어. 천적한테서 도망칠 때 아주 쓸모 있지.

잠자리 애벌레는 무엇을 먹을까?

잠자리 애벌레는 어른벌레처럼 모두 살아 있는 먹이만 먹어. 죽은 동물은 거들떠보지도 않아. 어릴 때는 물벼룩이나 작은 물벌레를 잡아먹고, 조금 더 크면 장구벌레와 실지렁이 따위를 잡아먹지. 몸집이 큰 왕잠자리 애벌레는 어린 물고기나 올챙이도 잡아먹을 수 있어.

아시아실잠자리 애벌레가 모기 애벌레인 장구벌레를 잡아먹고 있어. 잠자리 애벌레가 많으면 한여름 귀찮은 모기가 많이 줄어들 거야.

왕잠자리 애벌레가 자기 몸만 한 물고기를 잡아먹고 있어.

잠자리 애벌레가 먹이를 잡는 모습을 자세히 볼까?

잠자리 애벌레는 진흙이나 모래 속, 물풀 줄기 사이에 숨어 있다가 먹잇감이 가까이 다가오면 사냥을 해. 마치 사마귀처럼 말이야. 사마귀에게 커다란 앞다리가 있는 것처럼 잠자리 애벌레는 기다란 아랫입술이 얼굴 아래에 접혀 있어. 먹이가 가까이 오면 이 아랫입술을 재빨리 뻗어서 잡아. 아랫입술 끝에는 날카로운 집게가 있어서 먹이를 꽉 잡을 수 있어.

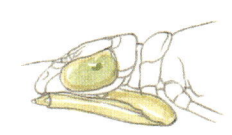

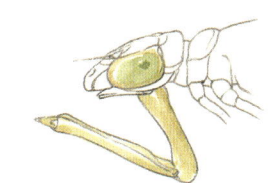

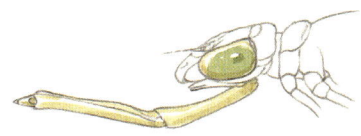

왕잠자리 애벌레가 아랫입술을 뻗는 모습이야. 이렇게 아랫입술을 뻗어서 작은 물고기도 잡을 수 있어.

잠자리 애벌레가 물 밖으로 나왔어!

애벌레는 어떻게 클까? 잠자리 애벌레도 여느 곤충처럼 허물을 벗어.
허물을 못 벗으면 단단한 껍질 속에 갇혀 죽을 수도 있어.
이렇게 몸 껍질을 한 꺼풀 벗는 것을 '허물벗기'라고 해.
한자말로는 '탈피'라고 하지. 잠자리 애벌레는 물속에서 10~15번쯤 허물을 벗고 커.
잠자리 애벌레가 다 자라면 이제 어른이 되어야 해. 이때 애벌레는 드디어 물 밖으로 나와서
마지막 허물을 벗어. 마지막 허물을 벗는 것을 '날개돋이'라고 해.

날이 따뜻한 4월부터 6월까지
물가에 가면 물풀 줄기를 이리저리 살펴봐.
아마도 잠자리 애벌레가 허물을 벗고
나온 껍질을 찾을 수 있을 거야.
허물을 보면 애벌레 생김새가 고스란히 남아 있어.

왕잠자리 애벌레 허물

언저리잠자리 애벌레 허물

장수잠자리 애벌레 허물

어리부채장수잠자리 애벌레 허물

어리장수잠자리 애벌레 허물

넉점박이잠자리 애벌레 허물

> **여기서 잠깐!**
> 골짜기나 웅덩이, 작은 냇가, 논에서 잠자리 애벌레를 잡아다 키우면 날개돋이하는 모습을 볼 수 있어.
> 작은 그릇이나 어항에 애벌레를 넣고 공기를 충분히 넣어 줘. 바닥에 모래를 깔고 물풀을 심어 주면 좋지.
> 애벌레 먹이로 작은 물벼룩이나 장구벌레, 실지렁이 같은 것을 넣어 주면 돼.
> 잠자리 애벌레는 배가 고프면 같은 잠자리 애벌레도 잡아먹으니까 조심해.

잠자리 애벌레는 어떻게 날개돋이할까?

다 자란 애벌레는 날개돋이하기 며칠 전부터 아무것도 먹지 않아.
그때 날개싹이 부풀어 올라 두꺼워지고, 겹눈이 맑아지고, 물 밖으로 나와 공기로 숨 쉴 준비를 하지.
이제 바깥에서 숨을 쉴 수 있게 되면 알맞은 물풀 줄기나 나뭇가지로 올라가 매달려.
그리고 마지막 허물을 벗지. 참별박이왕잠자리가 어떻게 날개돋이하는지 찬찬히 살펴볼까?

1. 참별박이왕잠자리 애벌레가 날개돋이하려고 나뭇가지에 기어올라 매달려.

2. 등가슴이 Y자로 갈라지면서 가슴을 내밀어.

3. 갈라진 틈으로 가슴과 머리, 날개가 나와.

4. 다리가 단단하게 굳을 동안 한소끔 쉬어. 짧게는 5분에서 길게는 30분쯤 쉬어.

5. 다리가 다 굳으면 허물을 잡고 배를 빼. 2~3초밖에 안 걸려.

6. 갓 빠져나온 잠자리는 뭉쳐 있는 날개에 피를 보내 날개를 펴기 시작해.

7. 날개가 늘어날 때 짧은 배도 서서히 늘어나다가 날개가 다 늘어나면 배도 빠르게 늘어나.

8. 날개와 배가 다 늘어나면 날개를 펴고 날아갈 준비를 해.

진짜 어른이 되는 잠자리

날개돋이했다고 모두 어른이 된 게 아니야. 진짜 어른이 되어야 짝짓기를 할 수 있어.
잠자리는 처음 날개돋이했을 때 거의 모두 암컷과 수컷 몸빛이 비슷해.
그래서 암컷인지 수컷인지 잘 몰라. 그러다가 어른이 될수록 수컷 배가 빨갛게 바뀌어.
짝짓기할 때가 되었다는 표시야. 이렇게 짝짓기 때 바뀌는 몸빛을 한자말로 '혼인색'이라고 해.

고추잠자리 수컷은 어릴 때는 몸빛이 노랗다가
어른이 되면서 시나브로 빨갛게 바뀌어.

깃동잠자리 수컷도 처음에는 몸빛이 노랗다가
어른이 다 되면 불그스름하게 바뀌어.

배가 빨갛게 바뀌면 좋기만 할까?
세상에서 가장 작은 잠자리인 꼬마잠자리 수컷은
배가 빨갛게 바뀌는 때가 가장 위험한 때야.
왜냐면 천적 눈에 잘 띄기 때문이지.
배가 빨갛게 바뀌지 않은
암컷보다 훨씬 많이 천적에게 잡아먹혀.

내 짝만
나를 찾으면
좋겠는데……

꼬마잠자리 수컷

암수 몸빛이 전혀 다른 실잠자리

실잠자리 암컷과 수컷은 저마다 몸빛이 달라서 어떤 것이 같은 실잠자리인지 알기가 무척 어려워. 어떤 실잠자리는 암컷과 수컷 몸빛이 전혀 달라.
실잠자리 가운데도 어렸을 때 몸빛이 크면서 달라지는 종류가 몇몇 있어.
하지만 잠자리 무리와 달리 수컷이 아닌 암컷 몸빛이 바뀌지.

아시아실잠자리 암컷은 어릴 때 빨갛다가 다 크면 풀빛으로 바뀌어.
수컷은 몸빛이 푸르스름한 풀빛이야.

황등색실잠자리 암컷은 어릴 때는 노랗다가 크면 풀빛으로 바뀌어.

잠자리
봄, 여름,
가을, 겨울

잠자리는 흔히 가을에 나온다고 알고 있지?
그런데 잠자리는 봄, 여름, 가을, 겨울
사계절 내내 볼 수 있어.

봄에는 어떤 잠자리를 볼 수 있을까?
여름에는 어떤 잠자리를 볼 수 있을까?
가을에는 어떤 잠자리를 볼 수 있을까?
겨울에는 어떤 잠자리를 볼 수 있을까?

봄에 나오는 잠자리

잠자리는 가을에만 나올까? 아니야. 봄에도 나오는 잠자리가 있어.
살랑살랑 봄바람이 불고 낮이 따끈따끈해지는 봄날에는 어떤 잠자리가 나올까?

아시아실잠자리, 왕실잠자리,
등검은실잠자리는 풀숲에서 볼 수 있어.

아시아실잠자리 암컷

왕실잠자리 수컷

등검은실잠자리 수컷

봄에 잠자리 보려면 동네 낮은 산을 둘러봐.
또 아직 모내기가 시작하지 않은 논 둘레 냇가에 가도
이른 봄 잠자리를 볼 수 있을 거야.

밀잠자리 수컷

동네 낮은 산에서 볼 수 있어.

왕잠자리 수컷

냇가에서 만날 수 있어.

쇠측범잠자리 수컷

산골짜기에 가면 볼 수 있어.

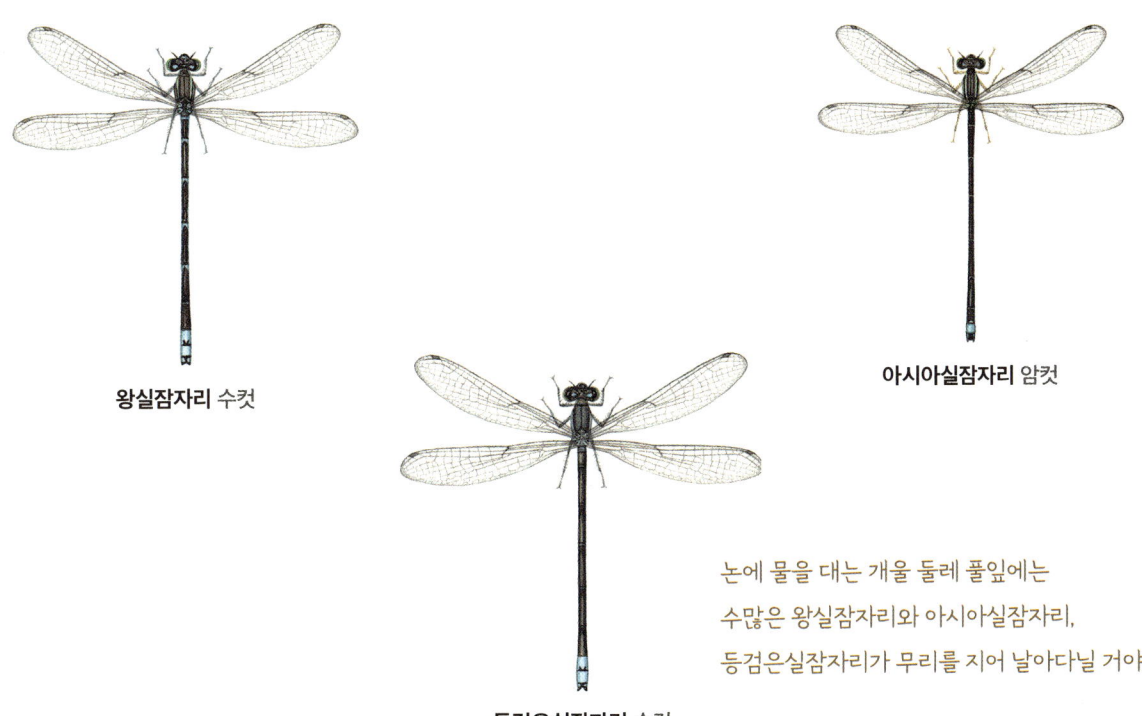

왕실잠자리 수컷

아시아실잠자리 암컷

등검은실잠자리 수컷

논에 물을 대는 개울 둘레 풀잎에는
수많은 왕실잠자리와 아시아실잠자리,
등검은실잠자리가 무리를 지어 날아다닐 거야.

여름에 나오는 잠자리

날이 더워지는 여름이면 잠자리를 더 많이 볼 수 있어.
봄에 나온 아시아실잠자리와 등검은실잠자리뿐만 아니라 방울실잠자리와 애기좀잠자리,
들깃동잠자리, 하나잠자리 같은 많은 잠자리가 나와 날아다녀.

시냇물이 잔잔히 흐르는 곳에 자란 물풀에는
흰얼굴좀잠자리가 흔히 앉아 있어.
흰얼굴좀잠자리는 어른이 되어 혼인색을 띠게 되면
수컷 얼굴이 옥색을 띤 흰색으로 바뀌어.
그래서 흰얼굴좀잠자리라는 이름이 붙었지.

흰얼굴좀잠자리 수컷

찰방찰방 물놀이하는 여름 냇가에는
많은 잠자리가 날아다녀.

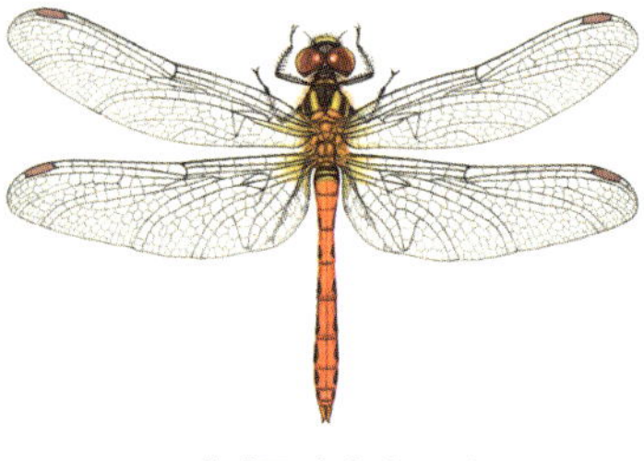

애기좀잠자리 수컷

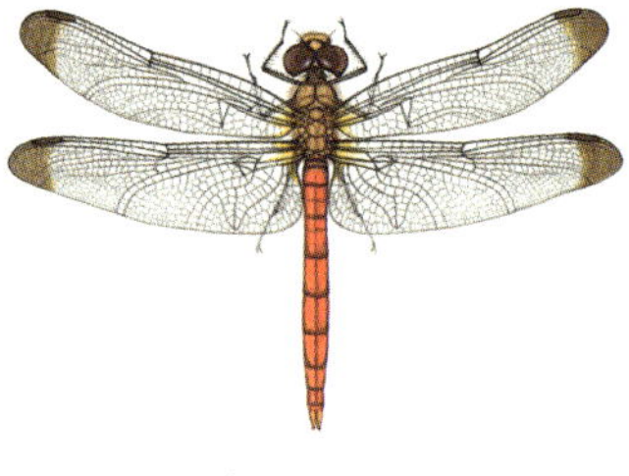

들깃동잠자리 수컷

하나잠자리 수컷

꽁무니를 치켜드는 잠자리

한여름에 풀숲이나 시냇가 바위, 그리고 나뭇가지 위에 앉은 잠자리를 잘 봐.
하늘을 찌를듯이 꽁무니를 치켜올린 잠자리를 볼 수 있어.
왜 이렇게 꽁무니를 치켜들까?

들깃동잠자리 수컷

애기좀잠자리 암컷

한여름에는 햇빛이 아주 뜨겁잖아.
그냥 앉아 있으면 잠자리도 몸이 너무 뜨거워.
그래서 햇볕을 덜 받으려고 배를 한껏 치켜드는 거야.
푸르른 풀밭에서 날개를 편 채 빨간 배를 곧게 세우며
머리를 이리저리 갸우뚱하는 잠자리는
마치 발끝으로 곧게 선 발레리나 같아.

하나잠자리 수컷

여름 산에서 만날 수 있는 잠자리

사람들도 날씨가 뜨거우면 시원한 산으로 많이 놀러 가지? 잠자리도 마찬가지야.
푹푹 찌는 한여름에는 잠자리들도 자기가 태어난 저수지나 연못을 떠나
그늘이 많은 산이나 골짜기로 가서 더위를 피하며 지내.
산에는 파리나 깔따구, 하루살이, 나방 같은 먹이가 많아서 잠자리가 살기 좋아.

대륙좀잠자리 수컷이 산골짜기 냇가 바위 위에 살포시 내려앉았어.

아이고, 더워서 못 살겠다.
우리도 시원한 산으로
놀러 가자!

고추좀잠자리 미성숙 수컷   **산깃동잠자리** 미성숙 수컷

두점박이좀잠자리 암컷

마아키측범잠자리 암컷

어리장수잠자리 수컷

여름에 산으로 가는 잠자리에는 고추좀잠자리, 두점박이좀잠자리, 깃동잠자리, 산깃동잠자리,
대륙좀잠자리, 마아키측범잠자리 같은 잠자리가 있어. 어리장수잠자리는 아예 봄부터 산골짜기에서 살지.
여름에는 산과 골짜기 둘레에 얼마나 많은 잠자리가 사는지 한번 찾아봐.

도시에서 날아다니는 잠자리

잠자리는 산이나 들이나 물가에 가야만 볼 수 있을까? 아니야. 도시 하늘에서도 잠자리가 날아다니지.
7월이나 8월에는 서울 여의도 샛강에서 된장잠자리를 많이 볼 수 있어.
그런데 도시에 사는 잠자리는 참 눈치가 빨라서 잡기가 쉽지 않아.
도시에 사는 잠자리는 왜 이렇게 눈치가 빠를까?
아마도 보금자리 옆으로 쌩쌩 달리는 자동차와 많은 사람 때문에 눈치가 빨라진 것 같아.

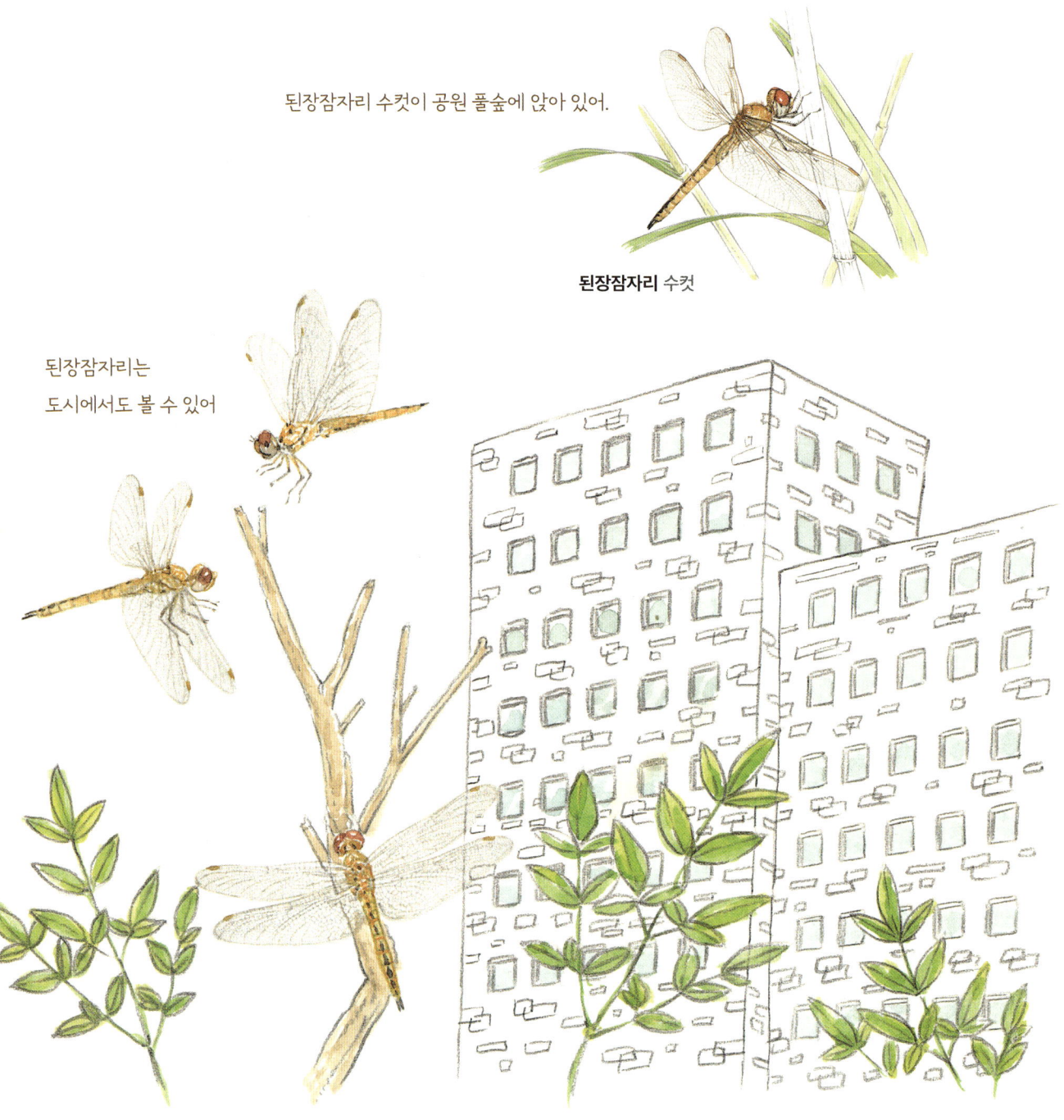

된장잠자리 수컷이 공원 풀숲에 앉아 있어.

된장잠자리 수컷

된장잠자리는
도시에서도 볼 수 있어

여름에 온 들과 도시를 주름잡는 잠자리는 된장잠자리야.
도시에서 사는 된장잠자리는 자동차 위에 알을 낳기도 해.
자동차 겉면이 햇빛에 반짝반짝 빛나서 꼭 물낯처럼 보이거든.
그래서 자동차 위가 물인 줄 알고 알을 낳는 거지.

한여름 뜨거운 햇볕에 달궈진
자동차 위에 알을 낳으면 어떻게 되겠어?
힘들게 낳은 알들이 모두 태어나지도
못한 채 죽고 말아.

된장잠자리 암컷

된장잠자리 알

된장잠자리는 넓은 자갈밭 위로 부채처럼 퍼져 흐르는 얕은 물에 알을 낳아.
암컷과 수컷이 함께 낮게 날면서
암컷이 물에 배를 톡 톡 치면서 알을 낳지.

반짝반짝한 걸 보니까
물인가 봐.
여기에 낳자!

된장잠자리 알 낳기

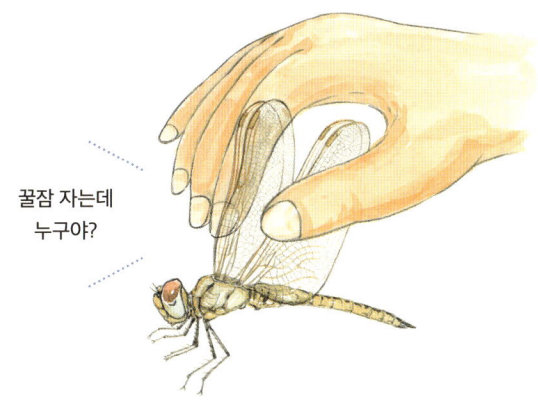

꿀잠 자는데
누구야?

된장잠자리는 이리저리 재빨리
날아다니기 때문에 잡기가 쉽지 않아.
하지만 된장잠자리를 쉽게 잡는 방법이 있어.
바로 아침에 잡는 거야. 아침에는 된장잠자리가
잠을 자고 있어서 배를 쓱 잡아도 꿈쩍 안 해.

가을에 나오는 잠자리

온 산에 울긋불긋 단풍이 드는 가을이면 많은 잠자리를 볼 수 있어.
여름에 한 마리도 안 보이던 잠자리들이 나뭇가지와 풀잎에 자리를 잡고 앉아 있지.
어떤 잠자리들이 왔을까?

고추좀잠자리 수컷

깃동잠자리 암컷

대륙좀잠자리 수컷

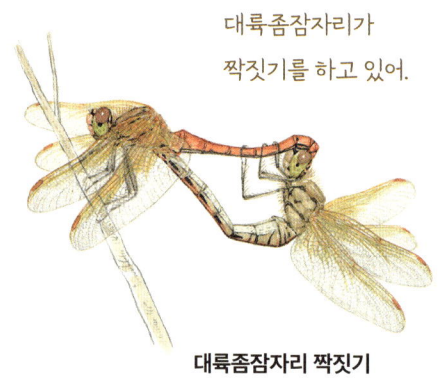

대륙좀잠자리가
짝짓기를 하고 있어.

대륙좀잠자리 짝짓기

산골짜기에서 여름을 보내며 자란
고추좀잠자리와 깃동잠자리, 대륙좀잠자리들은
짝짓기를 하고 알을 낳으러 산에서 내려와.
이때 수컷 몸은 울긋불긋한 혼인색으로 바뀌지.

왕잠자리 암컷이 꽁무니를
물속에 집어넣고 알을 낳고 있어.
왕잠자리는 봄부터 가을까지 알을 낳아.

왕잠자리 알 낳기

왕잠자리 수컷

겨울에도 잠자리가 있을까?

그 많던 잠자리도 추운 겨울바람이 불면 싹 사라져. 잠자리는 알을 낳으면 거의 모두 죽거든. 잠자리는 거의 모두 한 해를 살다가 죽어. 그런데 한겨울에도 볼 수 있는 잠자리가 있어. 바로 묵은실잠자리와 가는실잠자리야. 묵은실잠자리와 가는실잠자리는 어른벌레로 추운 겨울을 나. 따뜻한 햇볕이 드는 곳에 꼭 붙어 서서 봄이 오기만을 기다리지.

가는실잠자리 수컷

추운 겨울에는 몸빛을 바꾸고 숨어 있어야지.

겨울을 나는 가는실잠자리 수컷

묵은실잠자리 수컷

겨울을 나는 묵은실잠자리 수컷

잠자리, 봄, 여름, 가을, 겨울   47

우리 땅에 사는 잠자리

우리나라에는 얼마나 많은 잠자리가 살까?
우리나라에는 잠자리가 125종이 살아.
남녘에서는 103종이 살고, 나머지는 북녘에서 볼 수 있어.

그럼 어떤 잠자리가 살고 있을까?
몸이 아주 가는 실잠자리 무리
몸이 통통한 잠자리 무리
이제부터 하나하나 살펴볼까?

실잠자리 무리

몸매가 가늘고 가는 잠자리 본 적 있어?
가냘픈 몸매에 툭 불거진 눈
조심조심 조용조용 날아 살포시 앉는 실잠자리 말이야.
실잠자리는 둘레에 있는 풀숲이나 늪, 연못에 가면 볼 수 있어.
풀숲에 앉아 있으면 꼭 기다란 풀잎처럼 생겨서 잘 안 보이니까 찬찬히 살펴봐.

물잠자리 무리

물에 사는 잠자리, 물잠자리를 본 적 있어?
물잠자리는 아주 깨끗한 골짜기나 개울, 냇가에 물풀이 우거진 곳에서 살아.
실잠자리 무리 가운데 몸집이 가장 크지.
날개는 까맣고 몸은 청동색으로 빛나는 아주 멋진 잠자리야.
물잠자리 몸은 쇠붙이처럼 광택이 있어서
햇빛을 받으면 눈부실 만큼 반짝거리지.

물잠자리는 깨끗한 골짜기에서 많이 보이고,
검은물잠자리는 우리 둘레 냇가에서 쉽게 볼 수 있어.

우리나라에는 물잠자리가 모두 넉 종 사는데 남녘에서 볼 수 있는 물잠자리는 두 종뿐이야.
물잠자리랑 검은물잠자리지. 생김새가 똑 닮아서 언뜻 보면 헷갈리지만
잘 보면 서로 다른 점을 알 수 있어.

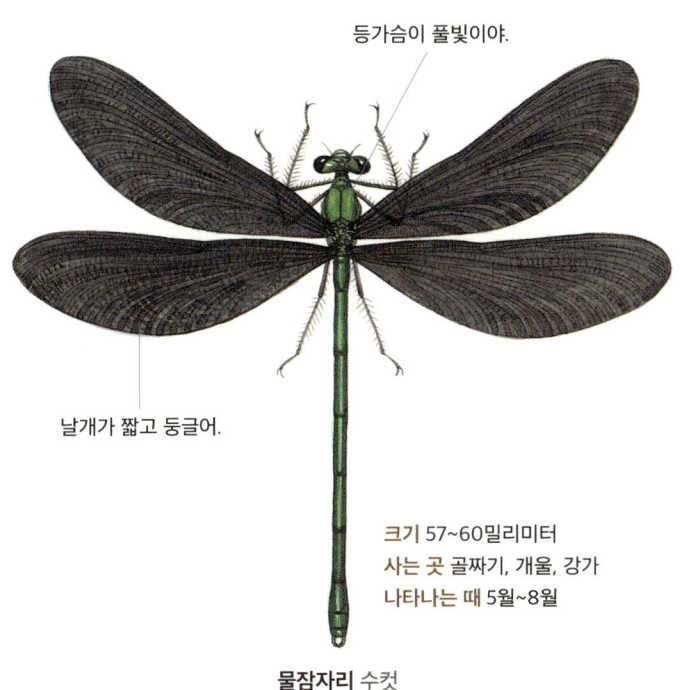

등가슴이 풀빛이야.

날개가 짧고 둥글어.

크기 57~60밀리미터
사는 곳 골짜기, 개울, 강가
나타나는 때 5월~8월

물잠자리 수컷

등가슴이 까매.

날개가 길고 덜 둥글어.

크기 60~62밀리미터
사는 곳 들판 개울, 냇가
나타나는 때 6월~10월

검은물잠자리 수컷

물잠자리는 위에서 보면 등가슴이 풀빛이야.
검은물잠자리는 가슴이 까맣지.
날개 생김새도 살짝 달라.
검은물잠자리는 날개가 길쭉한 타원형인데,
물잠자리는 날개가 더 짧고 둥글어.

골짜기에 많이 사는 물잠자리

물잠자리는 우리나라 어디에서나 볼 수 있지만, 제주도에는 안 살아.
물잠자리 수컷은 물 가장자리에서 위아래로 오르락내리락 날아다녀.
물풀 줄기에도 자주 앉지.

날개에 무늬가 없어.

가슴이 풀빛이야.

잠자리는 앉을 때 날개를 쫙 펴고 앉잖아?
그런데 물잠자리는 날개를 펴지 않고 날개를
모아서 딱 붙이고 곧게 세워.

배도 풀빛이야.

물잠자리 수컷

물잠자리 암컷과 수컷은 어떻게 다를까?
물잠자리 수컷과 암컷은
가슴과 배가 풀빛이라 똑같아 보여.
그런데 잘 보면 암컷 날개에는
하얀 날개무늬가 있어.

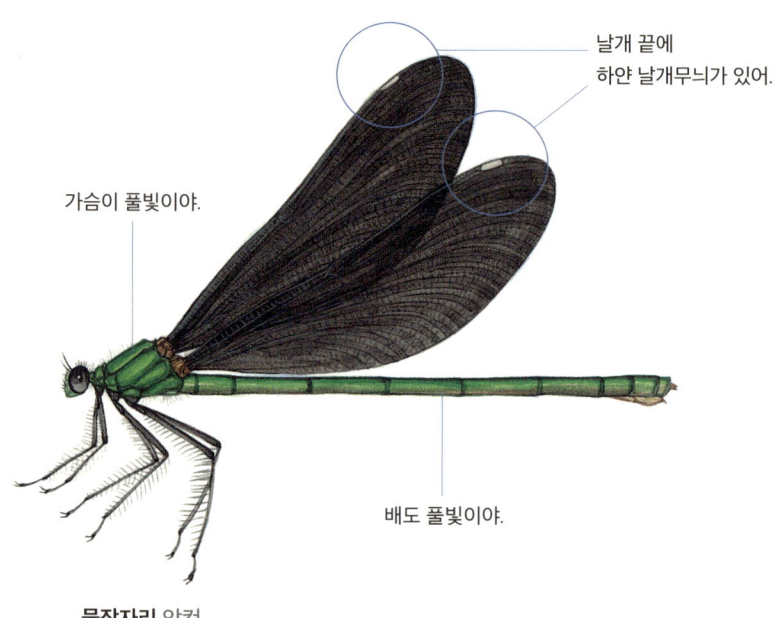

날개 끝에
하얀 날개무늬가 있어.

가슴이 풀빛이야.

배도 풀빛이야.

물잠자리 암컷

개울이나 냇가에 많이 사는 검은물잠자리

검은물잠자리는 둘레에 있는 하천에서 쉽게 찾아볼 수 있어. 물잠자리는 아주 깨끗한 골짜기에서 사는데, 검은물잠자리는 1~2급수쯤 되는 물이 흐르는 하천에서 볼 수 있지.
검은물잠자리 수컷은 물 가장자리에 있는 바위나 풀 줄기에 자주 앉아. 앞이 탁 트인 곳에 앉아서 날개를 곧추세우고 있다가 자주 폈다 접었다 해. 암컷은 수풀이 우거진 그늘진 곳에서 지내.

날개에 무늬가 없어.
가슴이 까매.
배가 청동색이야.
검은물잠자리 수컷

가슴이 까매.
날개에 무늬가 없어.
배도 까매.
검은물잠자리 암컷

검은물잠자리 암컷과 수컷은 어떻게 다를까?
검은물잠자리 수컷과 암컷은
둘 다 가슴이 까만데 배 색깔이 달라.
수컷은 물잠자리처럼 광택이 있는
풀빛인데, 암컷은 까매.
날개는 물잠자리보다 더 까맣지.
검은물잠자리 암컷은 물잠자리 암컷과 달리
날개에 하얀 날개무늬가 없어.
암컷이 커다란 날개를 펄럭거리며 어두워지는 개울을 떼 지어 날면
꼭 검은 귀신이 날아다니는 것 같다고 '귀신 잠자리'라고도 한대.
느리게 날지만 조심성이 많아서 가까이 다가가기가 어려워.

물잠자리 짝짓기

물잠자리 수컷과 암컷은 서로 이어진 채 짝짓기를 하며 이리저리 돌아다녀.
짝짓기를 마치면 암컷 혼자 알을 낳지. 물잠자리는 물속에 자라는 식물 줄기에 알을 낳아.
때로는 줄기 아래 물속에 몸을 다 담근 채 알을 낳기도 해.

물잠자리가 짝짓기를 하고 있어.

물잠자리 암컷이 꽁무니를
물속에 쑥 집어넣고 알을 낳고 있어.

검은물잠자리는 7월쯤부터 물 가장자리 풀숲을 옮겨 다니며 짝짓기를 해.
짝짓기를 마치면 물잠자리처럼 암컷 혼자 알을 낳아.
물속에 배를 집어넣고 물풀 줄기 안에 알을 낳지.

검은물잠자리가 짝짓기를 하고 있어.

물잠자리 애벌레는 어떻게 생겼을까?

알을 낳고 일주일쯤 지나면 알에서 애벌레가 깨어 나와.
물속 물풀 줄기에 꼭 붙어 있다가 하루살이 애벌레나
깔따구 애벌레, 실지렁이, 작은 올챙이, 작은 물고기 따위를 잡아먹어.
물잠자리나 검은물잠자리 애벌레는 물속에서 두 해 겨울을 나고,
그 이듬해 6월쯤 물 밖으로 나와 어른 잠자리가 돼.

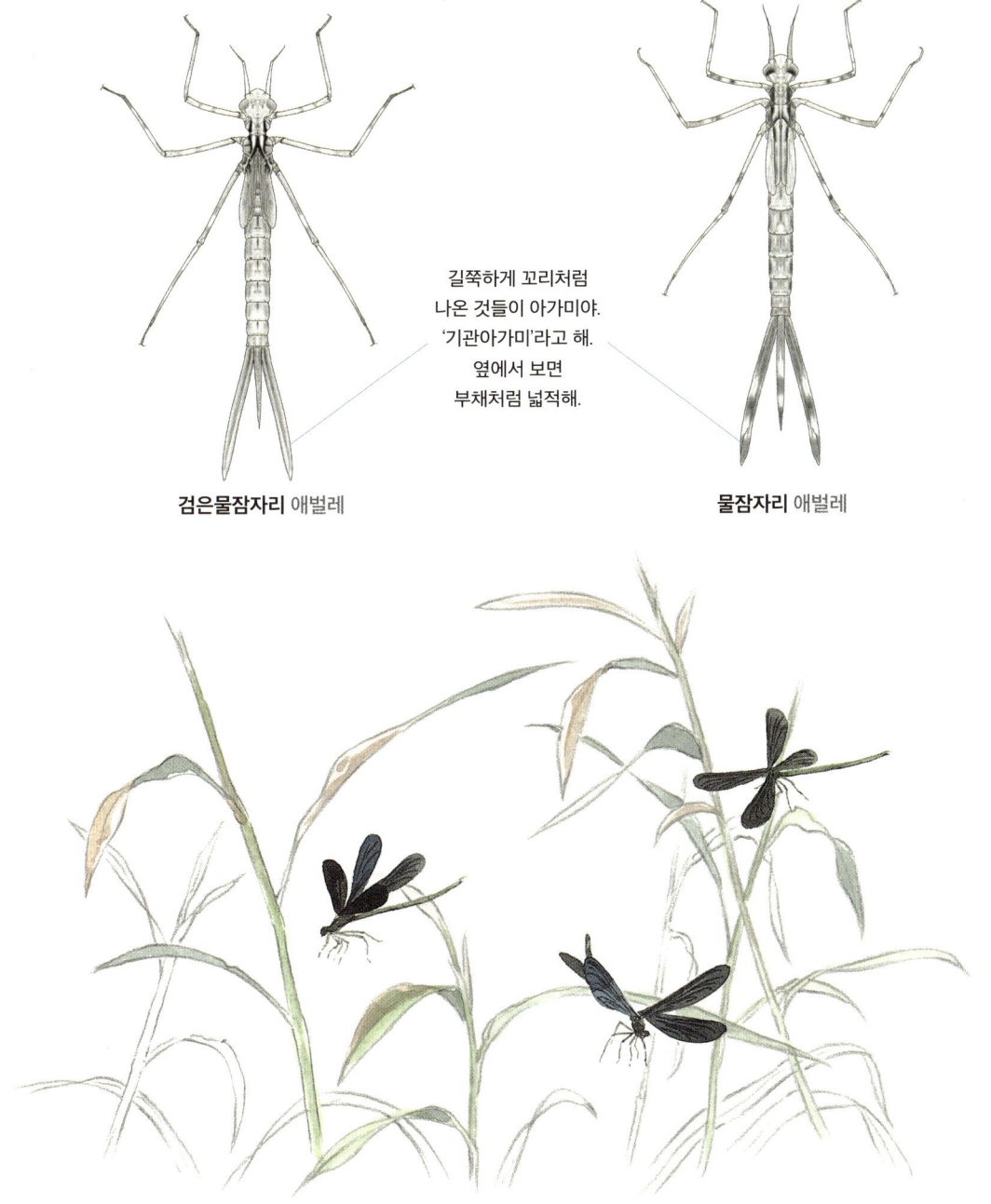

길쭉하게 꼬리처럼
나온 것들이 아가미야.
'기관아가미'라고 해.
옆에서 보면
부채처럼 넓적해.

검은물잠자리 애벌레   **물잠자리** 애벌레

어른이 되어 물 밖으로 나온 검은물잠자리들이 날아다니고 있어. 이제부터는 짝을 만나 짝짓기를 하고 알을 낳아야 해.

청실잠자리 무리

청실잠자리 무리에는 여섯 종이 살지만 남녘에서 우리가 볼 수 있는 잠자리는
좀청실잠자리, 큰청실잠자리, 묵은실잠자리, 가는실잠자리 이렇게 넉 종이 있어.

파란 눈을 가진 좀청실잠자리

좀청실잠자리는 들판에 물풀이 수북이 자란 연못이나 늪, 저수지에서 살아.
경기도 북부와 서울, 그리고 남부 지방에서 드물게 볼 수 있어.

위에서 보면 등가슴이 풀빛이야.

크기 36~40밀리미터
사는 곳 연못, 늪, 저수지
나타나는 때 6월~10월

좀청실잠자리 수컷

수컷은 9~10번째 배마디가 푸른 잿빛이야.

옆가슴은 풀빛이 도는 밝은 잿빛이야.

수컷 옆모습

겹눈은 암컷과 수컷 모두 파래.

암컷 옆모습

좀청실잠자리가 풀 줄기에 앉아 쉬고 있어.
거의 모든 실잠자리들은 날개를 접고 앉는데,
청실잠자리들은 날개를 펴고 앉아.

실잠자리를 볼 때는 모기에 물리지 않게 조심해.
실잠자리가 사는 연못 둘레에는 모기도 아주 많거든.

나무에 알을 낳는 큰청실잠자리

큰청실잠자리는 6월 중순부터 10월까지 경기도와 강원도에서 제법 흔하게 볼 수 있어.
오래된 연못이나 늪에서 살고 높은 산에서도 볼 수 있어. 좀청실잠자리와 달리 숲이 우거진 곳에 많아.
큰청실잠자리는 좀청실잠자리보다 몸집이 더 크고 겹눈이 풀빛이야.

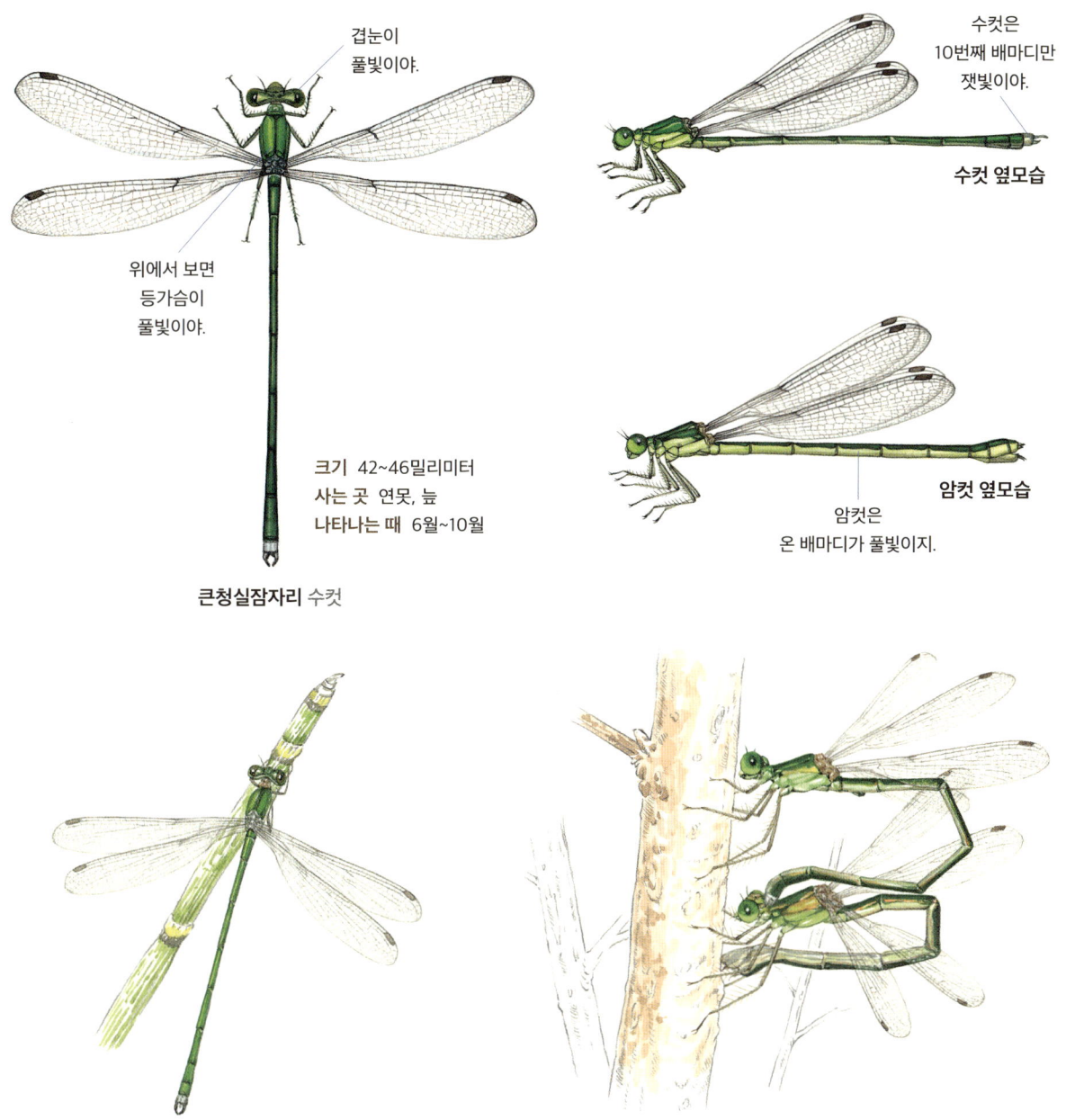

큰청실잠자리는 다른 잠자리와 달리 물 밖에 있는 나뭇가지 껍질 속이나 갈대 줄기 속에 알을 낳아.
나뭇가지나 갈대에서 겨울을 보낸 알들은 이듬해 봄이면 애벌레로 깨어나.
그리고 밖으로 나와 땅에 떨어지지. 1밀리미터쯤밖에 안 되는 아주 작은 어린 애벌레들이 본능적으로 물이 있는 곳을 찾아가.
마치 알에서 나온 새끼 거북이 바다로 기어가듯이 말이야. 이렇게 물속에 들어가 다른 잠자리 애벌레처럼 살지.

겨울나기를 하는 가는실잠자리와 묵은실잠자리

거의 모든 어른 잠자리는 알을 낳으면 겨울이 오기 전에 죽어.
그런데 어른으로 겨울을 나는 잠자리가 석 종 있어.
바로 가는실잠자리와 묵은실잠자리, 작은실잠자리지.

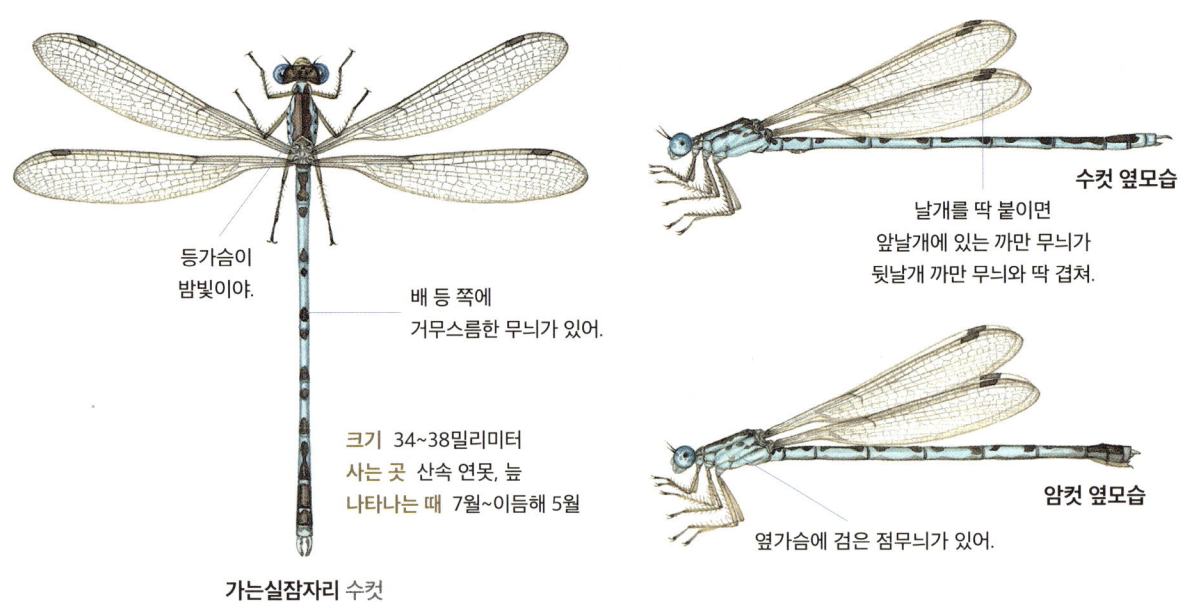

등가슴이 밤빛이야.
배 등 쪽에 거무스름한 무늬가 있어.

크기 34~38밀리미터
사는 곳 산속 연못, 늪
나타나는 때 7월~이듬해 5월

가는실잠자리 수컷

수컷 옆모습
날개를 딱 붙이면 앞날개에 있는 까만 무늬가 뒷날개 까만 무늬와 딱 겹쳐.

암컷 옆모습
옆가슴에 검은 점무늬가 있어.

가는실잠자리는 산속에 물풀이 많이 자란
작은 웅덩이나 논, 늪에서 살아.
우리나라 어디에서나 흔히 볼 수 있지.
겨울을 날 때는 암컷과 수컷 모두 연한 밤빛인데,
4월 말부터 몸빛이 파랗게 바뀌어.
5월에 짝짓기를 하고 암컷이 벼 같은 풀 줄기 속에 알을 낳아.

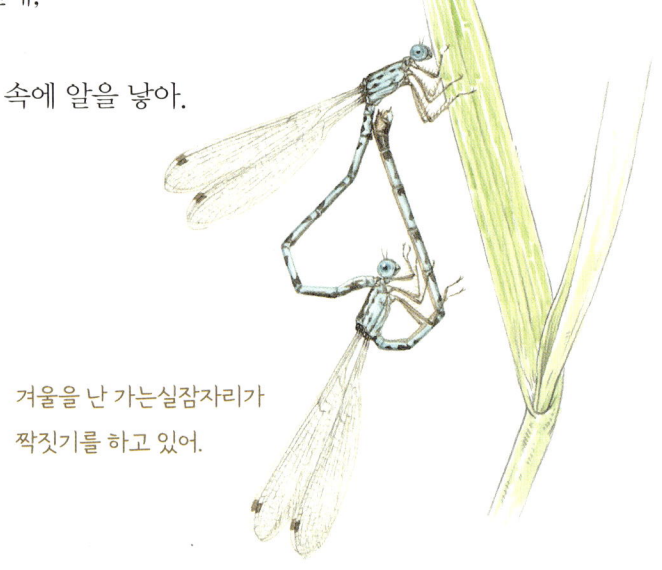

겨울을 난 가는실잠자리가 짝짓기를 하고 있어.

묵은실잠자리는 다른 청실잠자리와 달리 몸빛이 온통 밤색이야.
묵은실잠자리는 12월부터 이듬해 2~3월까지 어른벌레로 겨울잠을 자.
그리고 5월에 짝짓기를 하고 암컷이 물풀 줄기 속에 알을 낳지.
우리나라 어디서나 흔히 볼 수 있어.

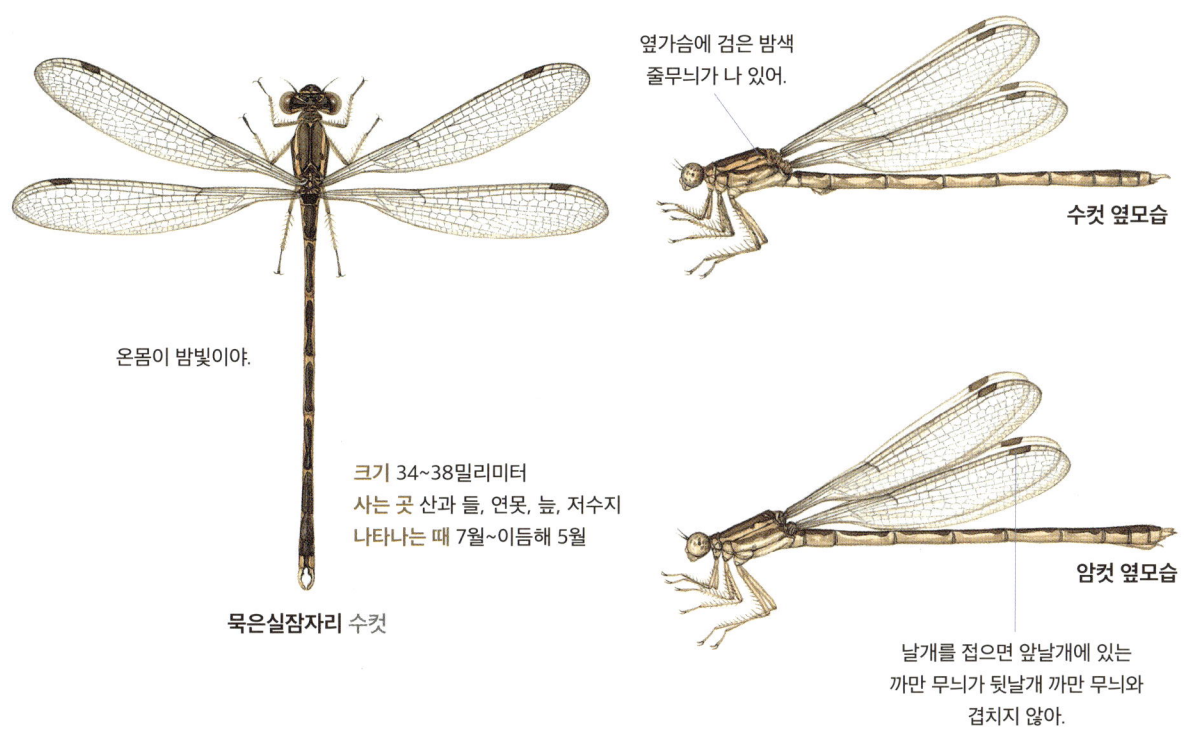

온몸이 밤빛이야.

크기 34~38밀리미터
사는 곳 산과 들, 연못, 늪, 저수지
나타나는 때 7월~이듬해 5월

묵은실잠자리 수컷

옆가슴에 검은 밤색 줄무늬가 나 있어.

수컷 옆모습

암컷 옆모습

날개를 접으면 앞날개에 있는 까만 무늬가 뒷날개 까만 무늬와 겹치지 않아.

겨울을 나는 묵은실잠자리는 손으로 건드려도 꿈쩍을 안 해.
날씨가 추우니까 볕이 잘 드는 따뜻한 곳에서 겨울을 날 것 같지?
하지만 묵은실잠자리는 오히려 그늘지고 축축한 곳에서 겨울을 나.

실잠자리 무리

실잠자리 무리에는 여러 실잠자리들이 있어.
생김새가 서로 닮은 실잠자리들이 많아서 헷갈리기 때문에 찬찬히 봐야 해.

실잠자리들은 물이 있는 논이나 연못에서 볼 수 있어.

실잠자리들은 눈 뒤쪽에 안경을 쓴 듯한 독특한 무늬가 있어.
종에 따라 크기와 색깔, 생김새가 제각각이야. 이 무늬를 한자말로 '안후문'이라고 해.
'눈 뒤에 있는 무늬'라는 뜻이야. 이 무늬는 실잠자리를 구분할 때 아주 중요해.
실잠자리를 잡으면 꼭 눈 뒤 무늬가 어떻게 생겼나 잘 살펴봐.

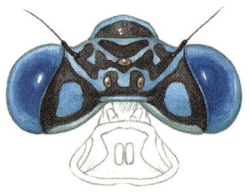

큰등줄실잠자리 수컷

무늬가
제법 크고 동그레.

작은등줄실잠자리 수컷

무늬 크기가 조금 작고
옆으로 갸름한 타원형이야.

등줄실잠자리 암컷

무늬가
뒷머리 반쯤 될 만큼 커.

참실잠자리 암컷

무늬가 파란 물방울 모양이야.

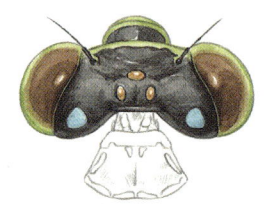

등검은실잠자리 암컷

파란 무늬가 등줄실잠자리보다 작아.

황등색실잠자리 수컷

V자처럼 생긴 무늬가
형광색으로 빛나.

등이 까만 등검은실잠자리

등가슴이 온통 까매서 이름이 붙은 실잠자리가 있어. 바로 등검은실잠자리야.
등검은실잠자리 수컷은 어렸을 때 등가슴이 까맣다가 어른이 되면 거무스름한 잿빛으로 바뀌어.
등검은실잠자리는 물풀이 수북하게 자란 둠벙이나 연못, 저수지, 늪에 살아.
우리나라 어디에서나 흔하게 볼 수 있어. 5월에 날개돋이해서 10월까지 날아다녀.

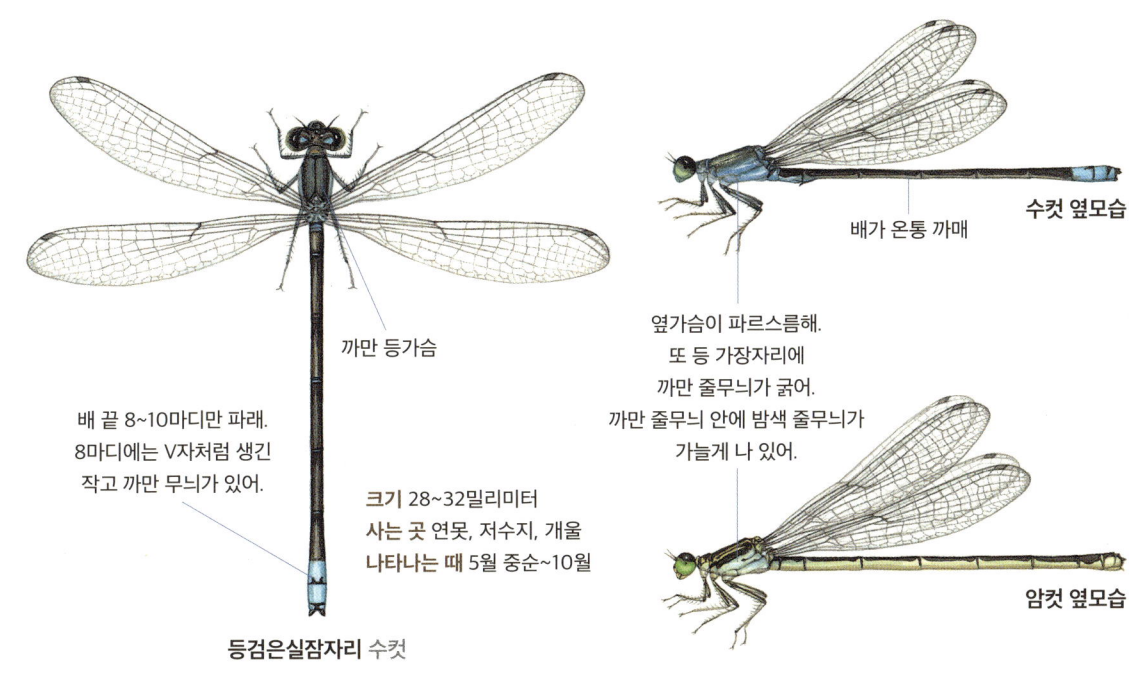

까만 등가슴

배 끝 8~10마디만 파래.
8마디에는 V자처럼 생긴
작고 까만 무늬가 있어.

크기 28~32밀리미터
사는 곳 연못, 저수지, 개울
나타나는 때 5월 중순~10월

등검은실잠자리 수컷

배가 온통 까매

수컷 옆모습

옆가슴이 파르스름해.
또 등 가장자리에
까만 줄무늬가 굵어.
까만 줄무늬 안에 밤색 줄무늬가
가늘게 나 있어.

암컷 옆모습

등검은실잠자리 암컷

등검은실잠자리 수컷

우리 땅에 사는 잠자리 63

까만 등 무늬가 있는 등줄실잠자리들

실잠자리 무리는 생김새가 다 비슷비슷해.
그 가운데 등줄실잠자리 이름이 붙은 실잠자리들은 더 헷갈려.
등줄실잠자리와 작은등줄실잠자리, 큰등줄실잠자리, 왕등줄실잠자리 들이야.
저마다 어떻게 다른지 한번 볼까?

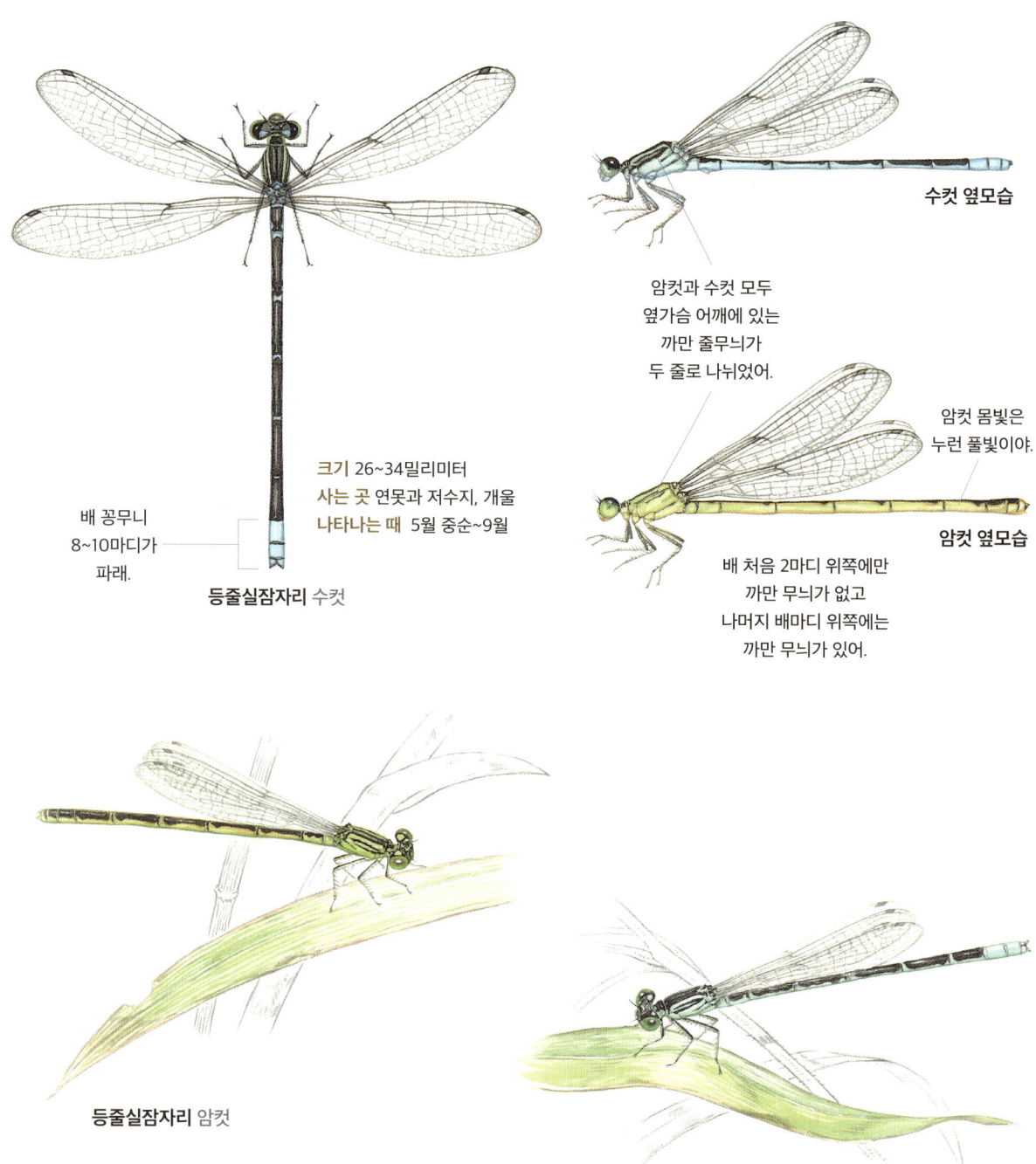

수컷 옆모습

암컷과 수컷 모두 옆가슴 어깨에 있는 까만 줄무늬가 두 줄로 나뉘었어.

암컷 몸빛은 누런 풀빛이야.

암컷 옆모습

배 처음 2마디 위쪽에만 까만 무늬가 없고 나머지 배마디 위쪽에는 까만 무늬가 있어.

크기 26~34밀리미터
사는 곳 연못과 저수지, 개울
나타나는 때 5월 중순~9월

배 꽁무니 8~10마디가 파래.

등줄실잠자리 수컷

등줄실잠자리 암컷

등줄실잠자리 수컷

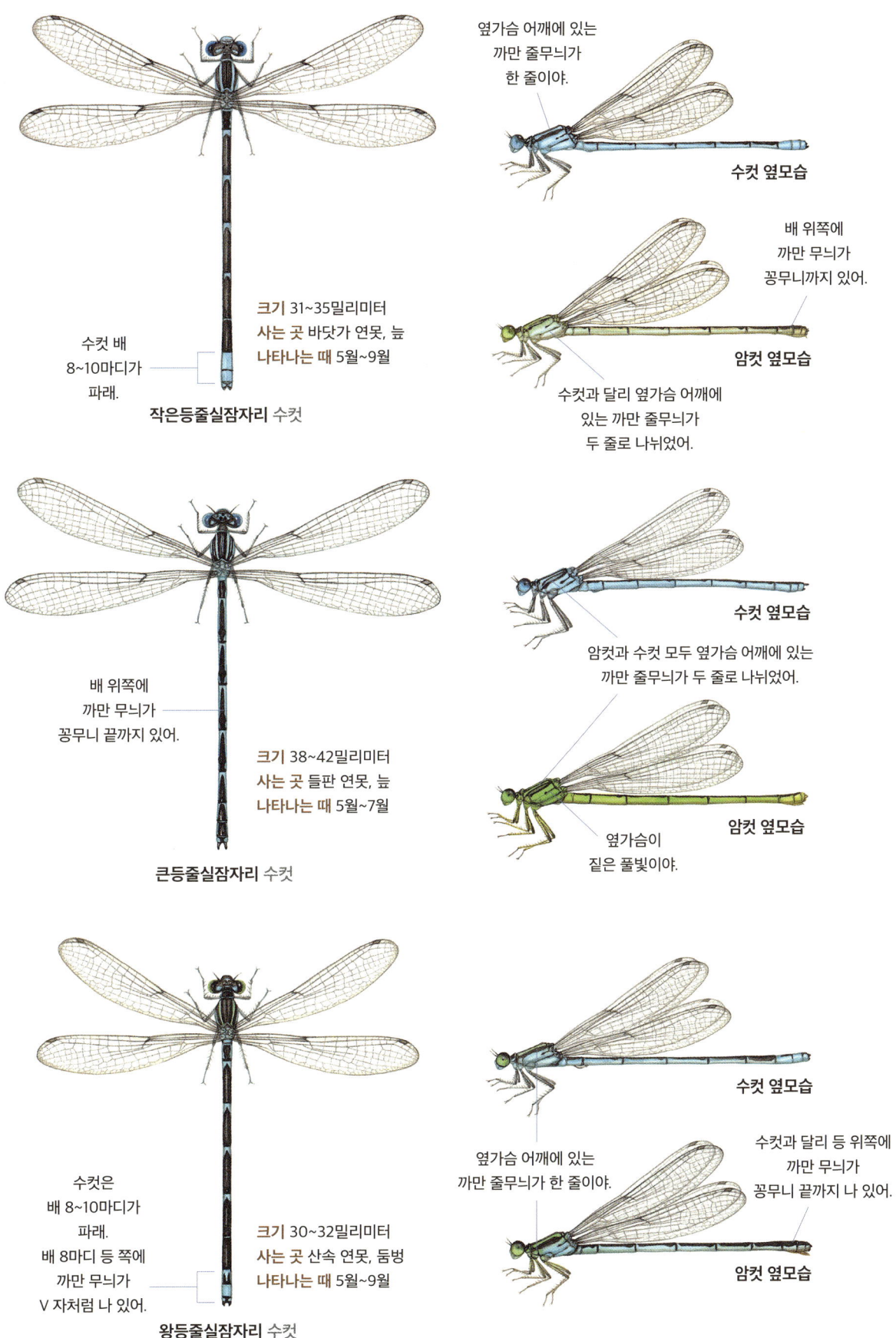

아주 잠깐 보이는 황등색실잠자리

황등색실잠자리는 '꼬마실잠자리'라고도 해. 실잠자리 가운데 크기가 가장 작기 때문이야.
또 수컷 꽁무니가 빨개서 '끝빨간실잠자리'라고도 해.
물풀이 우거진 논두렁이나 버려진 논에서 6월 중순부터 말까지 잠깐 볼 수 있어.

크기 20~22밀리미터
사는 곳 묵은 논이나 논두렁
나타나는 때 6월 중순

황등색실잠자리 수컷

꽁무니도 빨갛지.
수컷 옆모습
날개무늬가 빨개.

수컷과 달리 배가 짙은 풀빛이야.
암컷 옆모습
가슴에 까만 어깨선이 없어.

황등색실잠자리 수컷

황등색실잠자리 수컷은 머리 뒤에
V자처럼 생긴 무늬가 형광색으로 빛나.

황등색실잠자리 암컷은 어릴 때는 배가 노랗다가
어른이 되면서 연한 풀빛으로 바뀌지.

황등색실잠자리 풀숲 비행

황등색실잠자리 수컷

실잠자리들은 풀 위를 높게 날면
다른 곤충이나 새 눈에 쉽게 띄기 때문에 곧잘 잡혀.
그래서 작고 어린 실잠자리들은 풀과 풀 사이로 날아다니지.

서로 닮은 참실잠자리와 북방실잠자리

참실잠자리는 제주도를 빼고 우리나라 어디에서나 볼 수 있어. 물풀이 우거진 늪이나 웅덩이, 연못에 많이 살아. 그런데 북방실잠자리는 경기도와 강원도 북쪽 지역에서만 가끔 볼 수 있어. 참실잠자리와 북방실잠자리도 생김새가 아주 닮아서 헷갈려.

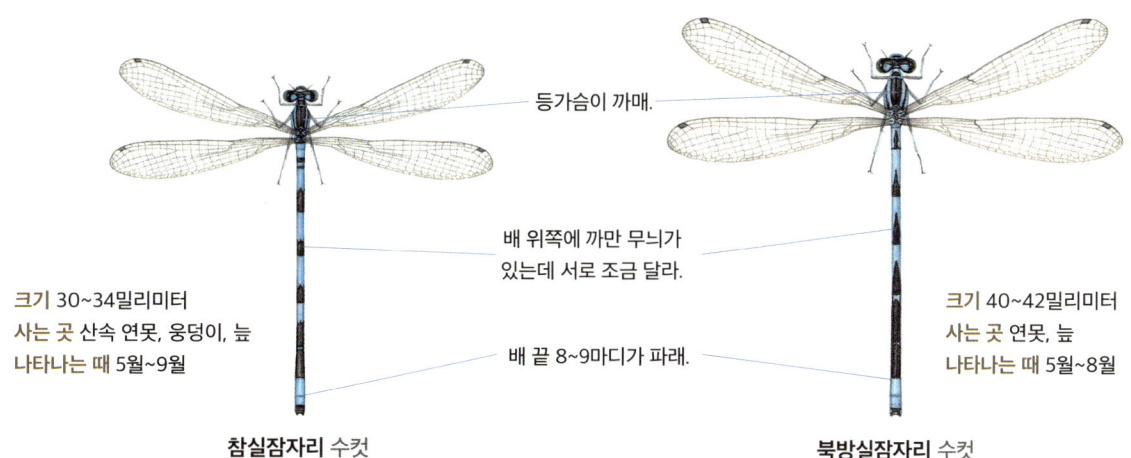

크기 30~34밀리미터
사는 곳 산속 연못, 웅덩이, 늪
나타나는 때 5월~9월

등가슴이 까매.
배 위쪽에 까만 무늬가 있는데 서로 조금 달라.
배 끝 8~9마디가 파래.

크기 40~42밀리미터
사는 곳 연못, 늪
나타나는 때 5월~8월

참실잠자리 수컷　　　**북방실잠자리** 수컷

참실잠자리 암컷　　참실잠자리와 북방실잠자리도 머리 뒤에 파란 물방울 무늬가 있어.

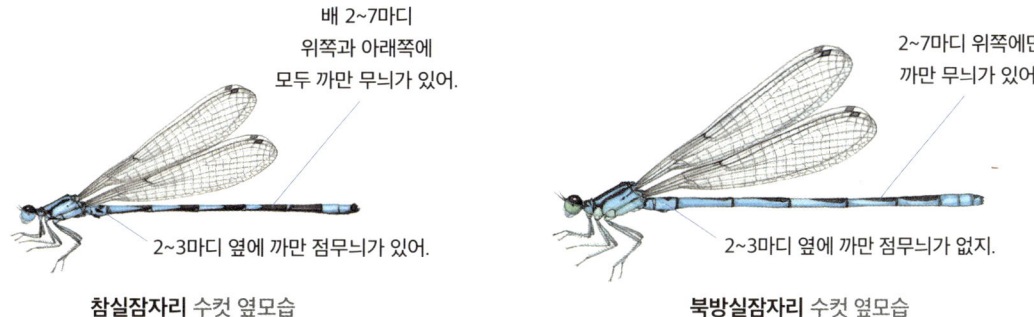

배 2~7마디 위쪽과 아래쪽에 모두 까만 무늬가 있어.
2~3마디 옆에 까만 점무늬가 있어.

2~7마디 위쪽에만 까만 무늬가 있어.
2~3마디 옆에 까만 점무늬가 없지.

참실잠자리 수컷 옆모습　　**북방실잠자리** 수컷 옆모습

옆가슴이 옅은 파란색이야.
배 2~7마디 위쪽과 아래쪽에 까만 무늬가 있어.

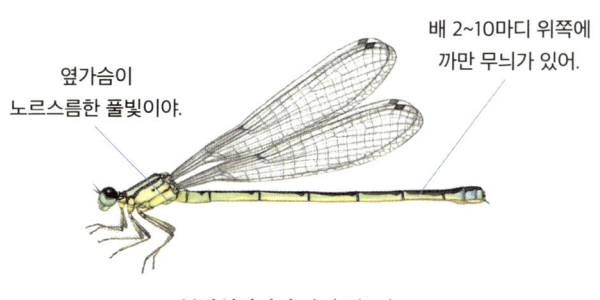

옆가슴이 노르스름한 풀빛이야.
배 2~10마디 위쪽에 까만 무늬가 있어.

참실잠자리 암컷 옆모습　　**북방실잠자리** 암컷 옆모습

쌍둥이 같은 푸른아시아실잠자리와 북방아시아실잠자리

푸른아시아실잠자리와 북방아시아실잠자리도 쌍둥이처럼 아주 닮았어.
얼굴 모양과 몸통, 크기와 눈 뒤에 있는 무늬까지 너무 닮아서 구별이 어려워.
둘을 위에서 보면 거의 차이가 없어. 옆에서 봐야 다른 점이 보이지.
7번째 배마디 색깔이 그 열쇠야. 작은 차이라도 찾아내면 종을 가려낼 수 있어.

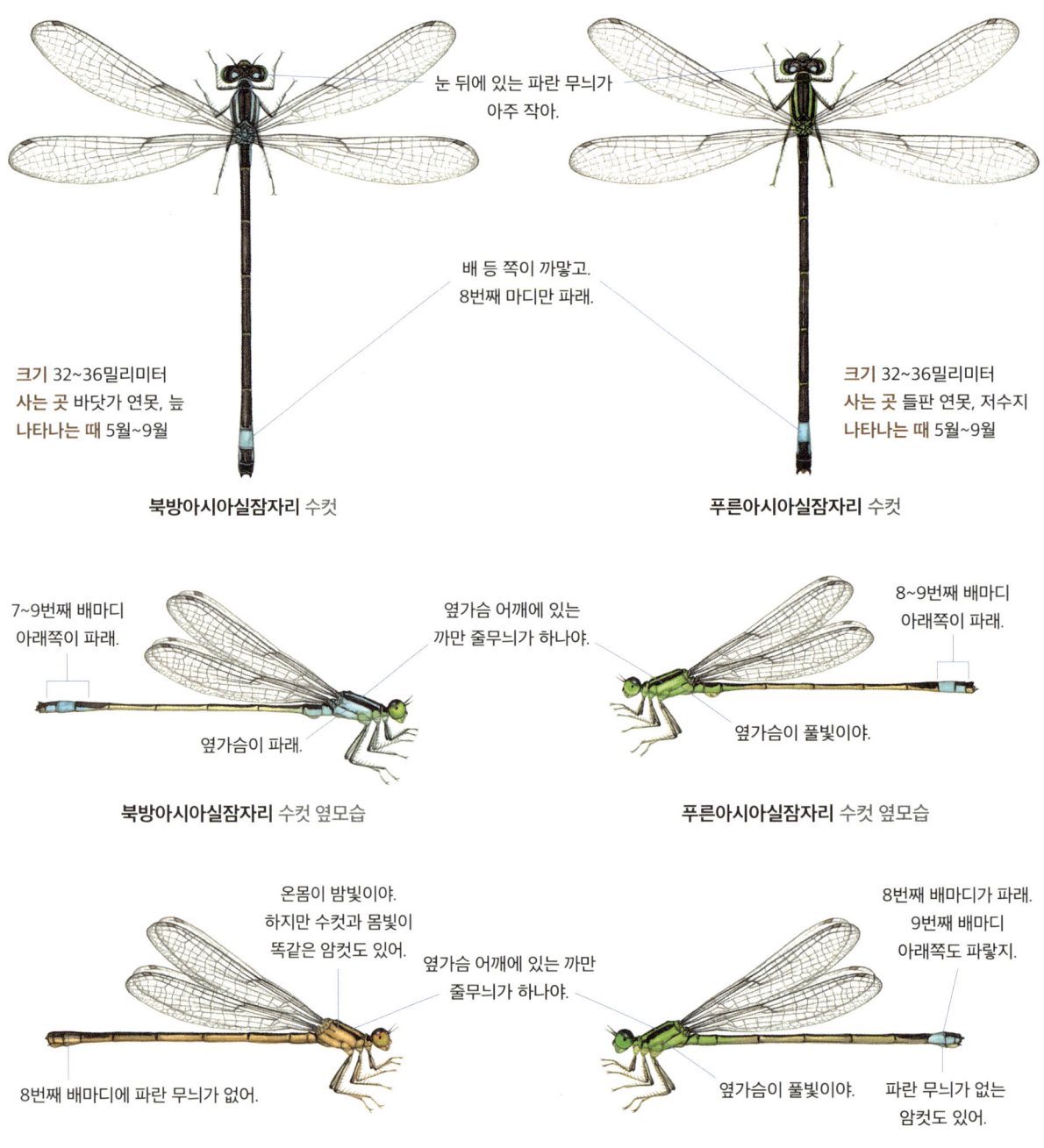

북방아시아실잠자리는 이름처럼 북쪽에서 흔히 볼 수 있는 잠자리야.
남녘에서는 경기도와 강원도에서 5월 중순부터 9월까지 볼 수 있어.
푸른아시아실잠자리는 북방아시아실잠자리와 거꾸로 따뜻한 곳에서 살아.
우리나라 중부 지방 아래쪽에서 살고, 대만과 동남아시아에서도 볼 수 있어.
5월 중순부터 9월까지 아주 흔하게 볼 수 있어.

북방아시아실잠자리 수컷

푸른아시아실잠자리 수컷

몸빛이 살짝 다른 푸른아시아실잠자리 수컷이야.

북방아시아실잠자리 암컷

푸른아시아실잠자리 암컷

꽁무늬에 파란 무늬가 없고
옆가슴이 붉은 푸른아시아실잠자리 암컷이야.

북방아시아실잠자리와 푸른아시아실잠자리는
경상북도와 전라북도를 기준으로 남쪽과 북쪽에 살아.
그런데 남쪽에 살던 푸른아시아실잠자리는 기온이 점점 높아지는
지구 온난화 때문에 이제는 경기도에서도 가끔 볼 수 있어.
기온이 오르니 남쪽에서 살던 잠자리들도
점차 북쪽으로 올라가며 사는 곳을 넓히고 있지.

북방아시아실잠자리가
사는 곳이야.

푸른아시아실잠자리가
사는 곳이야.

어디에서나 보이는 아시아실잠자리

북방아시아실잠자리, 푸른아시아실잠자리와 똑 닮은 잠자리가 또 있어.
바로 아시아실잠자리야. 아시아실잠자리는 우리나라 어느 곳에서나 살아.
물풀이 수북하게 자란 연못이나 늪, 논, 저수지, 강가 웅덩이에서 아주 흔하게 볼 수 있어.

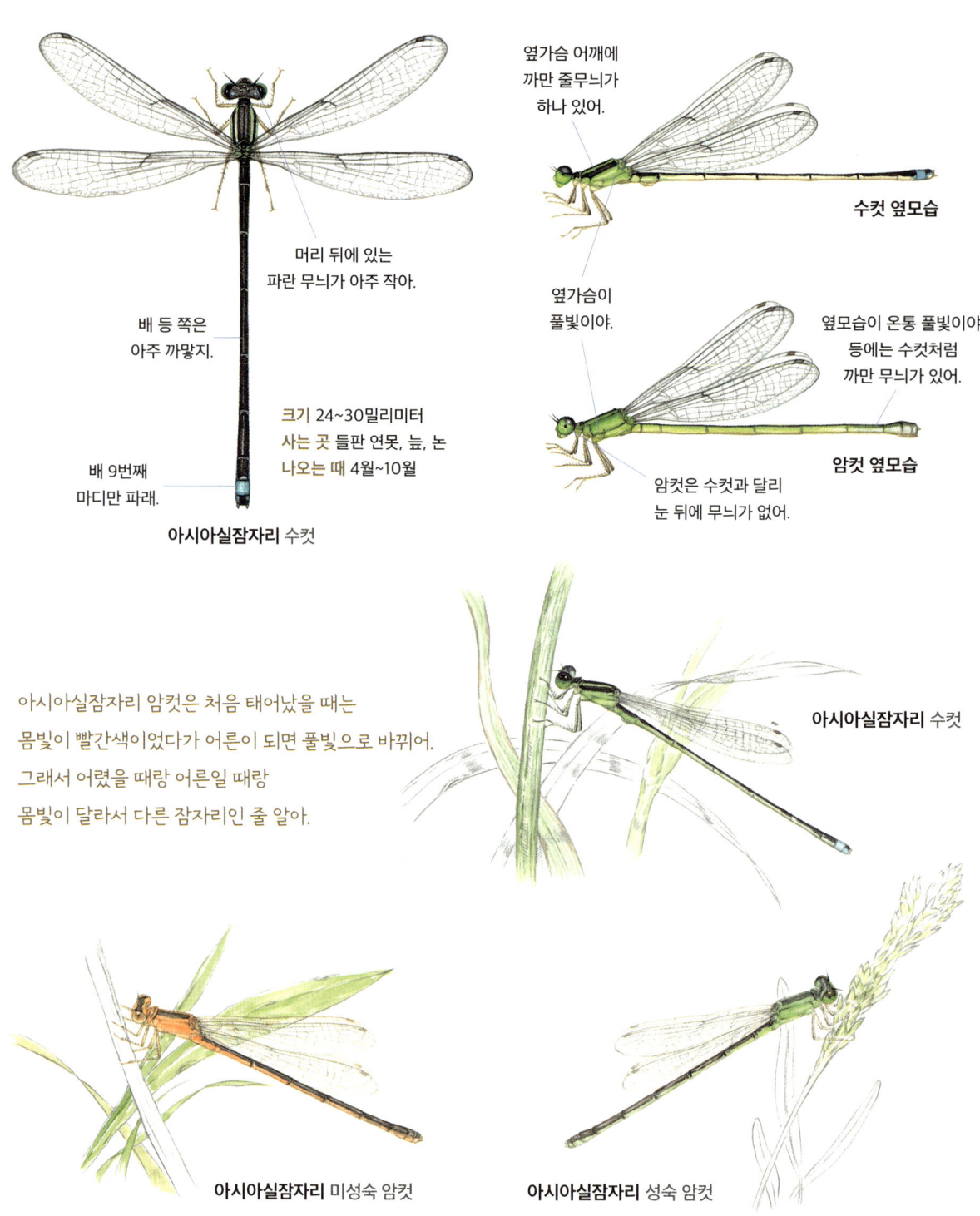

아시아실잠자리 암컷은 처음 태어났을 때는
몸빛이 빨간색이었다가 어른이 되면 풀빛으로 바뀌어.
그래서 어렸을 때랑 어른일 때랑
몸빛이 달라서 다른 잠자리인 줄 알아.

몸빛이 발그스름한 연분홍실잠자리

연분홍실잠자리는 이름처럼 몸빛이 연분홍빛을 띠는 실잠자리야.
남쪽 지방에서 흔히 볼 수 있고 가끔 중부 지방에서도 보여.

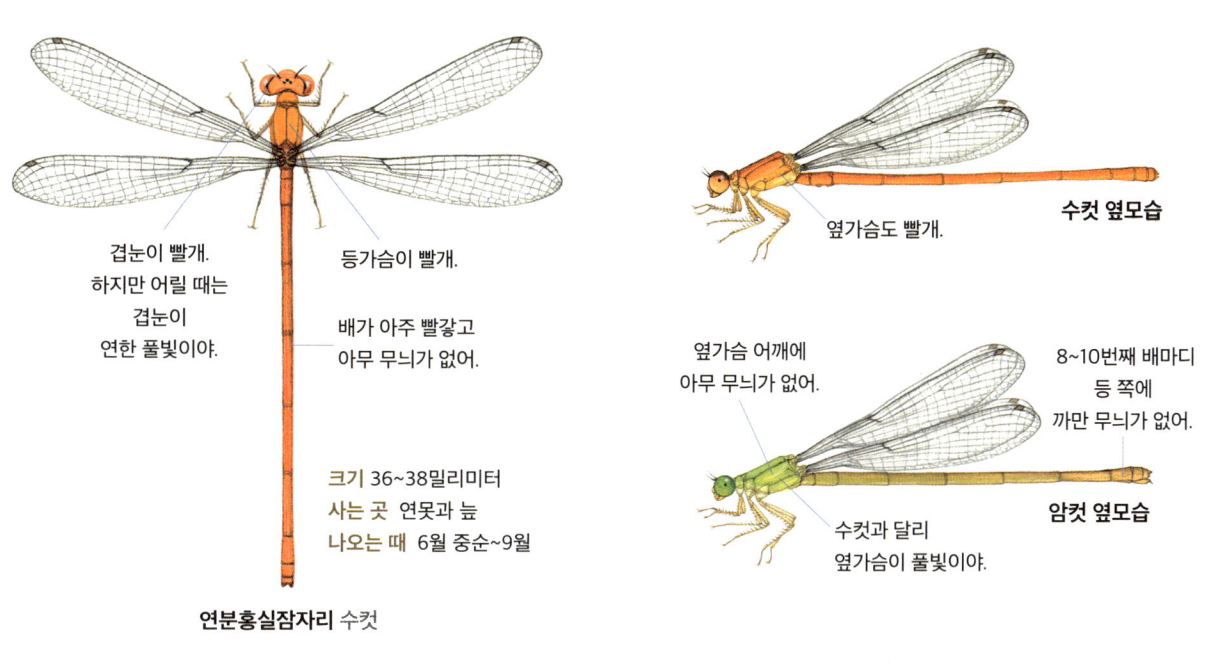

풀 속으로 곤두박질하는
노란실잠자리와 새노란실잠자리

노란실잠자리는 이름처럼 수컷 배가 노래. 새노란잠자리는 이름과 달리 수컷 배가 발그스름하지.
노란실잠자리는 온 나라에서 살아. 새노란실잠자리는 제주도와 전남 여수처럼
남쪽 지방에서만 볼 수 있었는데, 날씨가 따뜻해지면서 북쪽으로 사는 곳이 넓어지고 있어.

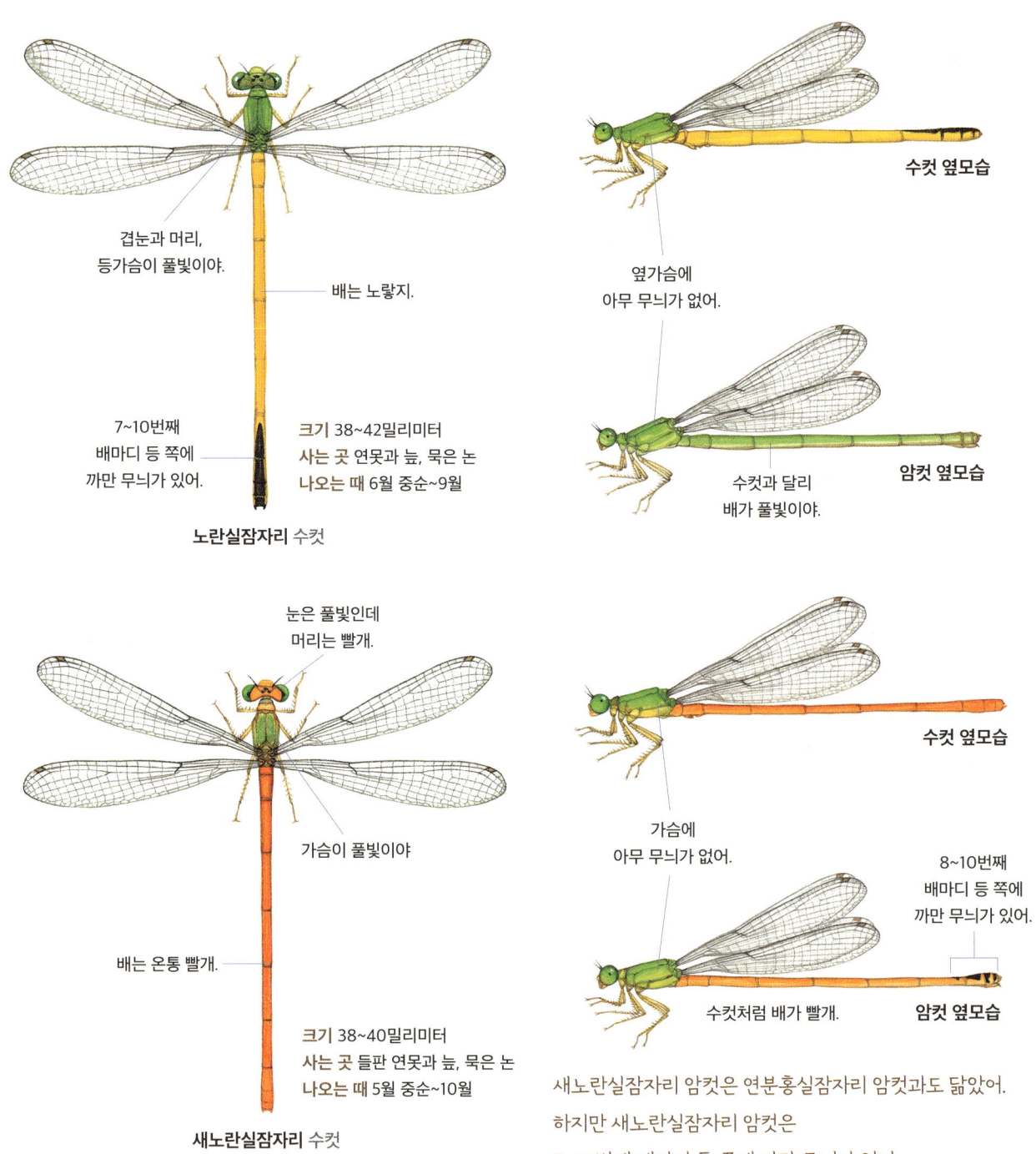

겹눈과 머리, 등가슴이 풀빛이야.

배는 노랗지.

7~10번째 배마디 등 쪽에 까만 무늬가 있어.

크기 38~42밀리미터
사는 곳 연못과 늪, 묵은 논
나오는 때 6월 중순~9월

노란실잠자리 수컷

수컷 옆모습

옆가슴에 아무 무늬가 없어.

수컷과 달리 배가 풀빛이야.

암컷 옆모습

눈은 풀빛인데 머리는 빨개.

가슴이 풀빛이야

배는 온통 빨개.

크기 38~40밀리미터
사는 곳 들판 연못과 늪, 묵은 논
나오는 때 5월 중순~10월

새노란실잠자리 수컷

수컷 옆모습

가슴에 아무 무늬가 없어.

수컷처럼 배가 빨개.

8~10번째 배마디 등 쪽에 까만 무늬가 있어.

암컷 옆모습

새노란실잠자리 암컷은 연분홍실잠자리 암컷과도 닮았어.
하지만 새노란실잠자리 암컷은
8~10번째 배마디 등 쪽에 까만 무늬가 있어.

노란실잠자리 수컷

노란실잠자리 암컷

앗, 적이다!
피해라!

실잠자리들은 조심성이 많아서 높이 날지 않고 풀숲 위를 낮게 날아다녀.
위험하면 낭떠러지에서 뚝 떨어지듯이 날아서 숨어.

방울실잠자리 무리

방울실잠자리 무리에는 방울실잠자리, 자실잠자리, 큰자실잠자리 석 종이 살아.
그럼 이제 방울실잠자리 무리를 살펴볼까?

하얀 버선을 신은 방울실잠자리

실잠자리는 다들 비슷비슷하게 생겼지만 한번에 알아볼 수 있는 실잠자리가 있어.
바로 방울실잠자리야. 방울실잠자리는 이름처럼 다리에 하얀 방울이 달려 있어.
이 하얀 방울은 수컷만 있어. 암컷에게 멋지게 보이기 위해서야.
방울실잠자리는 우리나라 어디에서나 볼 수 있어.

위에서 보면 온통 까매.

크기 38~40밀리미터
사는 곳 연못과 늪, 묵은 논, 개울가
나타나는 때 5월 하순~10월

방울실잠자리 수컷

수컷 옆모습
옆가슴 어깨에 까만 줄무늬가 두 줄 있어.
다리가 하얀 방울처럼 생겼어.

암컷 옆모습
옆가슴과 배 아래쪽이 풀빛이야.
다리에 하얀 방울이 없어.

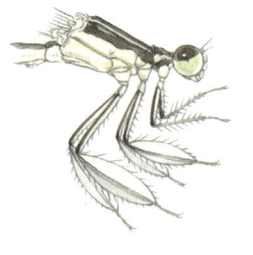

방울실잠자리 수컷은 자기가 사는 둘레 풀숲을 오가며 다른 수컷이 오면 방울처럼 생긴 다리를 흔들며 다퉈.

방울실잠자리 수컷이 풀 줄기에 붙어 있어.

방울실잠자리가 짝짓기하고 있어. 앞쪽이 수컷이야.

등이 까만 자실잠자리와 큰자실잠자리

자실잠자리와 큰자실잠자리도 참 많이 닮았어. 큰자실잠자리가 자실잠자리보다 몸집이 더 커.
큰자실잠자리는 들판에 있는 늪이나 둠벙, 연못에서 살아.
서울과 경기, 전북 군산처럼 중부와 남부 지방에서 드물게 볼 수 있어.
자실잠자리도 중부와 남부 지방 몇몇 곳에서만 드물게 볼 수 있어.
강 중류나 하류 둘레 물풀이 우거진 고인 물에서 많이 살아.

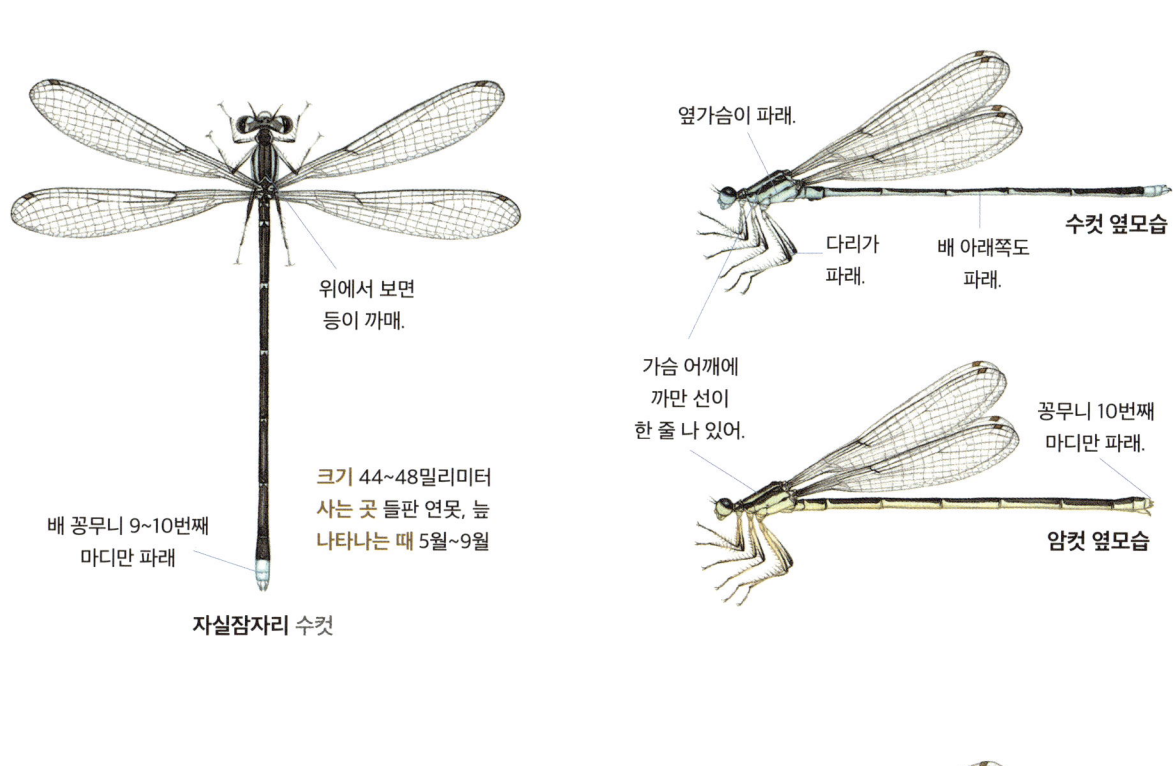

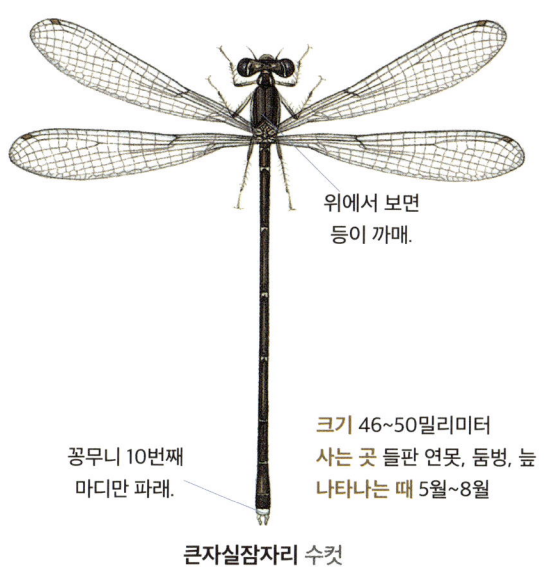

잠자리 무리

살금살금 다가가 꼭 잡고 싶은 잠자리
고개를 갸웃갸웃 날개를 부르르 부르르
냉큼 날아올라 멋지게 나는 잠자리
우리나라에는 어떤 잠자리가 살까?

왕잠자리 무리

잠자리 가운데 몸집이 커다란 잠자리가 있어. 바로 왕잠자리야.
왕잠자리는 이름처럼 몸집이 커.
왕잠자리는 다른 잠자리와 어떻게 다를까?

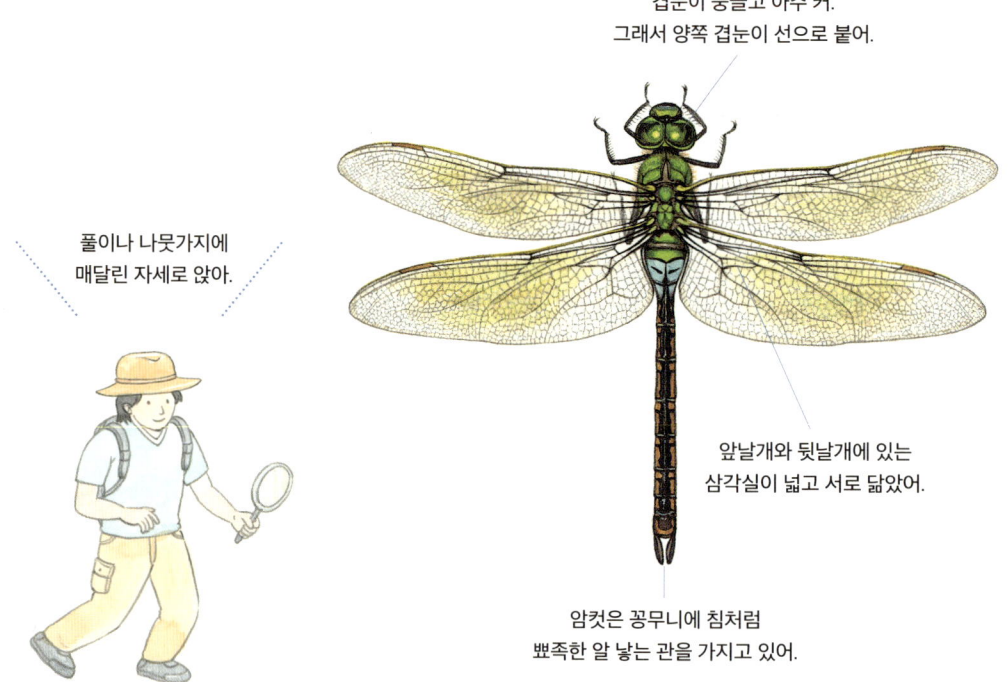

겹눈이 둥글고 아주 커.
그래서 양쪽 겹눈이 선으로 붙어.

풀이나 나뭇가지에
매달린 자세로 앉아.

앞날개와 뒷날개에 있는
삼각실이 넓고 서로 닮았어.

암컷은 꽁무니에 침처럼
뾰족한 알 낳는 관을 가지고 있어.

왕잠자리 무리 생김새 특징

왕잠자리는 넓은 저수지나 연못에서 볼 수 있어.

우리나라에는 왕잠자리가 모두 14종 살아.
모두 몸집이 제법 크고 몸에 여러 가지 무늬가 있어.
어떤 왕잠자리들이 있는지 한번 볼까?

대장 잠자리 왕잠자리

왕잠자리는 우리 둘레 저수지나 연못에서 흔히 볼 수 있는 잠자리야.
남쪽 한라산부터 북쪽 백두산까지 두루 살지.
잠자리 가운데 몸집이 아주 크기 때문에 왕잠자리라는 이름이 붙었지.
연못가를 날아다니는 왕잠자리는 거의 수컷이야. 암컷은 그 둘레 숲에서 지내.

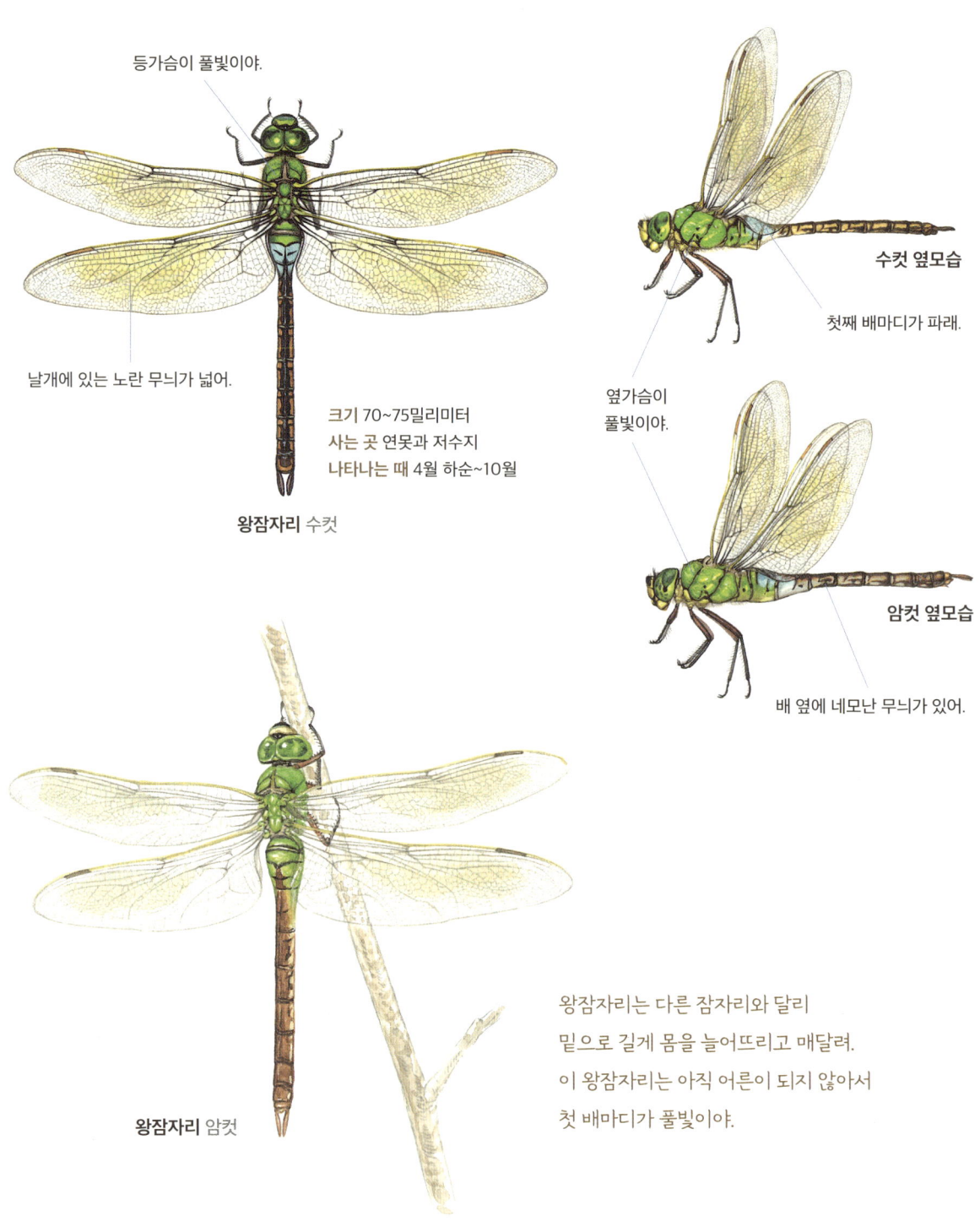

등가슴이 풀빛이야.

날개에 있는 노란 무늬가 넓어.

크기 70~75밀리미터
사는 곳 연못과 저수지
나타나는 때 4월 하순~10월

왕잠자리 수컷

수컷 옆모습

첫째 배마디가 파래.

옆가슴이 풀빛이야.

암컷 옆모습

배 옆에 네모난 무늬가 있어.

왕잠자리 암컷

왕잠자리는 다른 잠자리와 달리
밑으로 길게 몸을 늘어뜨리고 매달려.
이 왕잠자리는 아직 어른이 되지 않아서
첫 배마디가 풀빛이야.

왕잠자리 수컷은 물가 둘레를 왔다 갔다 날아다니며 자기가 사는 곳을 지켜.
그러다 암컷이 날아오면 재빨리 달려들어 짝짓기를 해.
짝짓기를 마친 암컷은 연못이나 저수지 가운데에서 꽁무니를 물속에 집어넣고
물풀 줄기 속에 알을 낳아. 혼자 낳기도 하고 수컷과 이어진 채 함께 날아다니며 알을 낳기도 해.

왕잠자리 수컷이 날고 있어.
왕잠자리는 아주 빨리 날아서 쉽게 못 잡아.

수컷
암컷

왕잠자리 수컷이
암컷 뒷덜미를 낚아챘어.

여기서 잠깐!

왕잠자리를 잡는 방법

왕잠자리 수컷은 크고 빨라서 잡기가 아주 어려워.
그런데 일단 암컷 한 마리를 잡으면 수컷을 잡기 쉬워.
암컷 가슴에 실을 묶어 날리면 수컷이 짝짓기를 하려고 달려들지.
그때 실을 잡아당겨 잡으면 돼.
또 다른 방법이 있어.
수컷을 잡으면 호박잎이나 풀잎을 찢어서 수컷 파란 배마디를 칠해.
그러면 다른 수컷이 암컷인 줄 알고 달려들어.

산속 연못에 사는 먹줄왕잠자리

왕잠자리는 우리가 사는 둘레 연못이나 저수지 같은 곳에서 보이는데
먹줄왕잠자리는 산속 연못이나 산과 잇닿은 연못에서 살아.
먹줄왕잠자리도 온 나라 어디서나 흔하게 볼 수 있어.
수컷은 물가 가장자리에서 1~2미터 높이에서 빠르게 왔다 갔다 날아다녀.

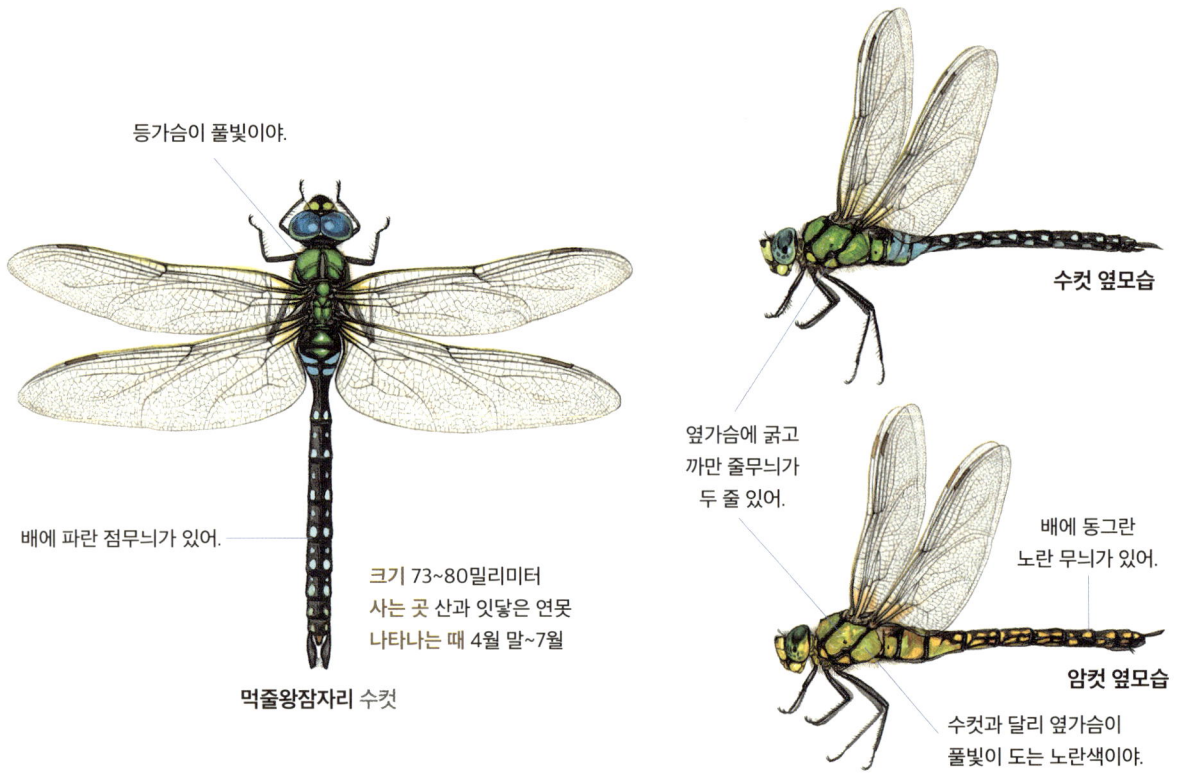

등가슴이 풀빛이야.

배에 파란 점무늬가 있어.

크기 73~80밀리미터
사는 곳 산과 잇닿은 연못
나타나는 때 4월 말~7월

먹줄왕잠자리 수컷

수컷 옆모습

옆가슴에 굵고 까만 줄무늬가 두 줄 있어.

배에 동그란 노란 무늬가 있어.

암컷 옆모습

수컷과 달리 옆가슴이 풀빛이 도는 노란색이야.

먹줄왕잠자리 수컷은
연못 둘레를 왔다 갔다 날면서
자기가 사는 곳을 지켜.
다른 잠자리가 들어오면
재빨리 따라가서 쫓아내.

먹줄왕잠자리가 짝짓기를 하고 있어.
5월에 짝짓기를 많이 해.
짝짓기를 마친 암컷은 혼자서 물속에
꽁무니를 집어넣고 물풀 줄기 속에 알을 낳아.

왕잠자리 애벌레와 먹줄왕잠자리 애벌레는 거의 똑같이 생겼어.
이때는 애벌레 아랫입술을 보면 구분을 할 수 있어.
왕잠자리 애벌레는 아랫입술이 살짝 뭉툭한데, 먹줄왕잠자리 애벌레는 아랫입술이 송곳처럼 가늘어.

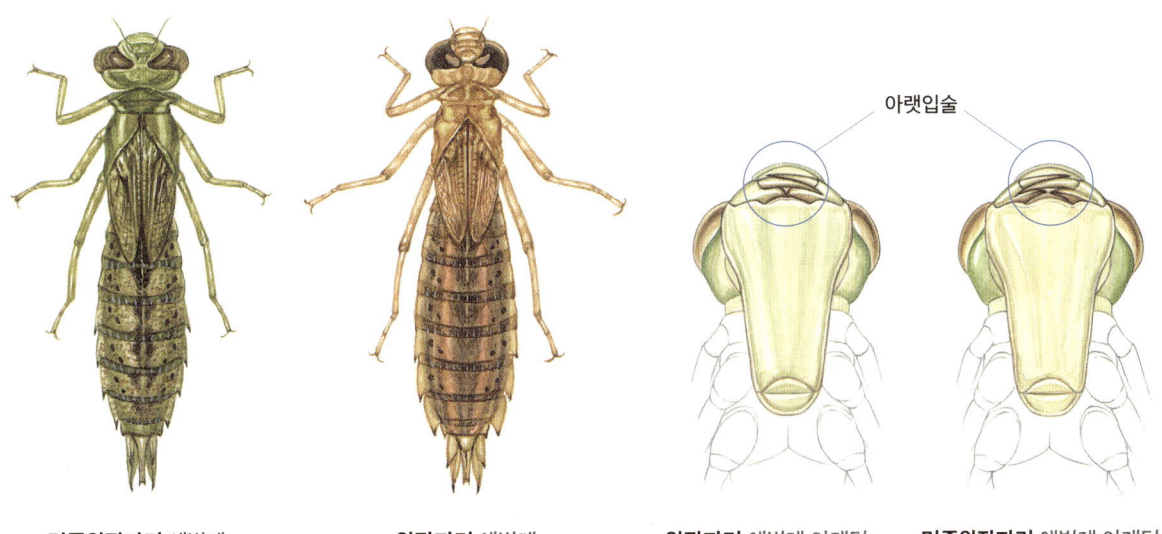

먹줄왕잠자리 애벌레 　　　**왕잠자리** 애벌레 　　　**왕잠자리** 애벌레 아래턱 　　　**먹줄왕잠자리** 애벌레 아래턱

별 같은 무늬가 있는 별박이왕잠자리

별박이왕잠자리 배에는 작은 형광 점무늬가 규칙적으로 여러 개 있는데 마치 밤하늘에 빛나는 별 같아.
별박이왕잠자리 이름이 들어간 잠자리에는 별박이왕잠자리, 참별박이왕잠자리,
애별박이왕잠자리가 있어. 참별박이왕잠자리는 별박이왕잠자리와 똑 닮았지만,
첫 번째 배마디 옆쪽에 노란 무늬가 없어.
애별박이왕잠자리는 등가슴이 밤빛이라 다른 별박이 잠자리와 달라.

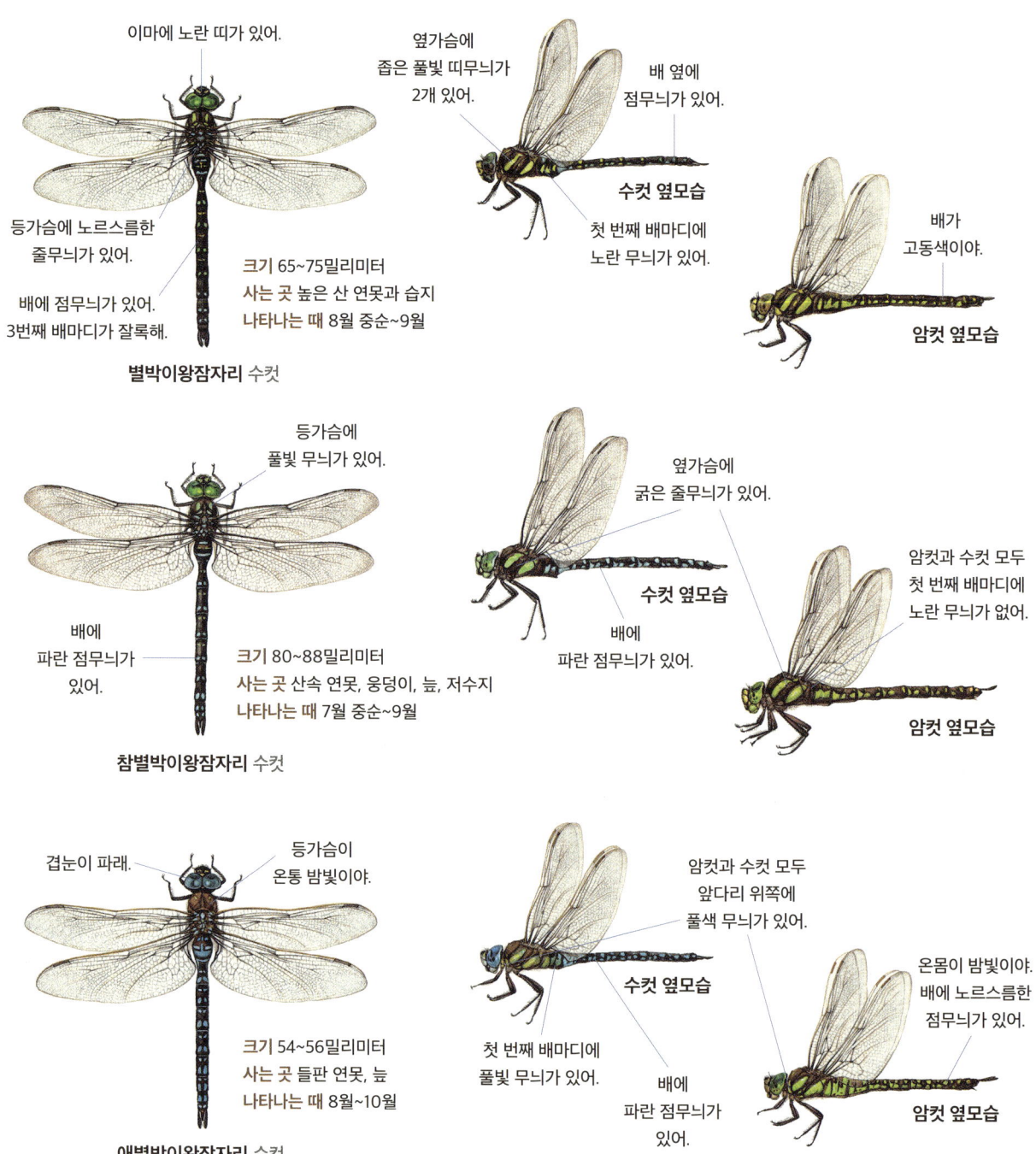

별박이왕잠자리는 함백산과 태백산처럼 아주 높은 산골짜기 작은 연못에서 살고,
참별박이왕잠자리는 산속이나 산과 잇닿은 작은 연못이나 웅덩이, 늪에서 볼 수 있어.
애별박이왕잠자리는 들판에 물풀이 우거진 연못이나 늪에서 볼 수 있지.

별박이왕잠자리 수컷은 자기가 사는 웅덩이 한가운데에서
제자리 비행을 하며 다른 수컷이 못 들어오게 지켜.

짝짓기를 마친 별박이왕잠자리 암컷은
혼자 물풀 줄기에 알을 낳아.

별박이왕잠자리는 큰 덩치에 맞지 않게 작은 연못에서 살아.

참별박이왕잠자리 수컷은 연못 가장자리를 돌아다니면서
자기가 사는 곳을 지켜. 다른 잠자리나 수컷이 들어오면
서로 싸우며 숲으로 날아갔다 다시 자기 자리로 돌아와.

먹줄왕잠자리와 참별박이왕잠자리 애벌레는
같은 연못에서 살아. 그런데 먹줄왕잠자리는 4월 말쯤에
짝짓기를 해서 알을 낳고, 참별박이왕잠자리는
8월 말이 되어야 알을 낳아.
그래서 커다랗게 자란 먹줄왕잠자리 애벌레가
막 깨어난 참별박이왕잠자리 애벌레를 잡아먹기도 해.

도깨비 같은 도깨비왕잠자리

도깨비왕잠자리는 사는 모습이 도깨비 같다고 붙은 이름이야.
다른 잠자리와 달리 새벽과 저녁때만 나오거든.
여름철 해 질 무렵이 되면 도깨비왕잠자리는 들판에 있는 늪에 나타나.
둘레를 돌아보지 않고 제비처럼 거의 똑바로 날고,
높은 곳에서 날아다니기 때문에 보기도 어렵고 잡기도 쉽지 않지.

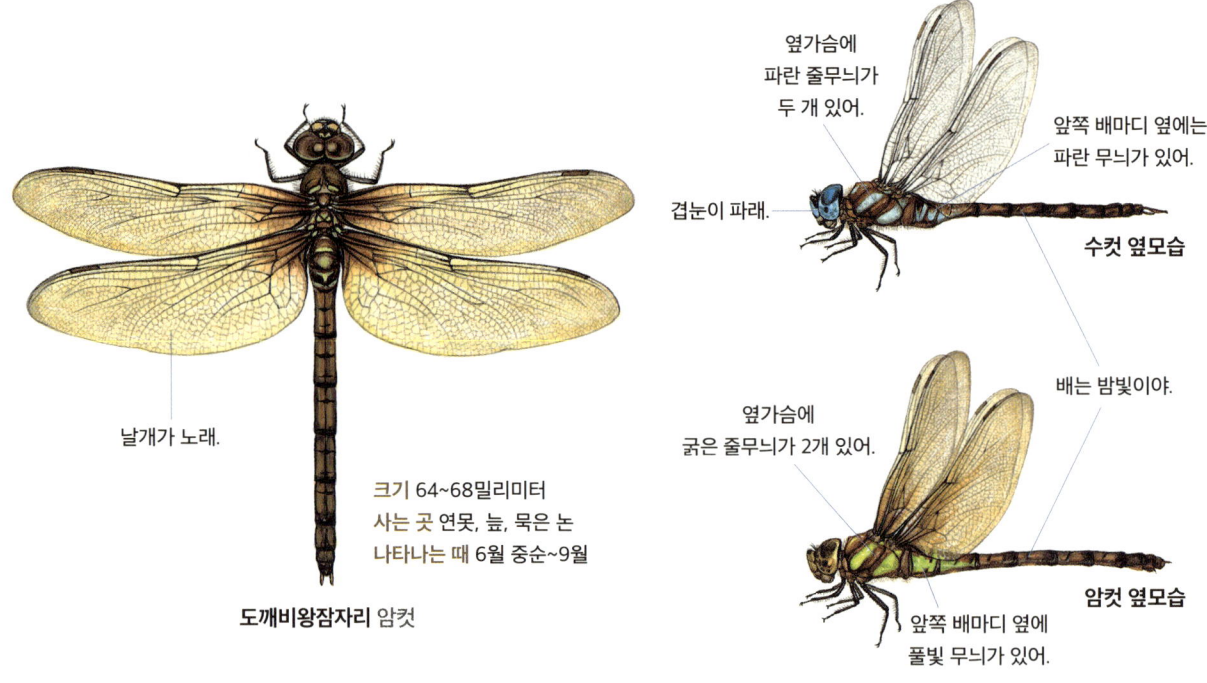

날개가 노래.

크기 64~68밀리미터
사는 곳 연못, 늪, 묵은 논
나타나는 때 6월 중순~9월

도깨비왕잠자리 암컷

옆가슴에 파란 줄무늬가 두 개 있어.
겹눈이 파래.
앞쪽 배마디 옆에는 파란 무늬가 있어.
수컷 옆모습

옆가슴에 굵은 줄무늬가 2개 있어.
배는 밤빛이야.
앞쪽 배마디 옆에 풀빛 무늬가 있어.
암컷 옆모습

도깨비왕잠자리 수컷은
높은 곳에서 날아다녀서 잡기가 어려워.

짝짓기를 마친 도깨비왕잠자리 암컷은
8월쯤 들판에 있는 늪이나 묵은 논에서 알을 낳아.
마치 비행기가 내려앉듯이 내려와
물풀 줄기 속에 알을 낳지. 암컷 배 끝에는
날카로운 알 낳는 관이 있어.

갈대 사이로 날아다니는 긴무늬왕잠자리

긴무늬왕잠자리는 갈대가 많이 자란 들판 연못이나 늪에서 살아.
아침부터 풀숲 위를 날아다니다가 열 시가 지나면 풀숲 속에 들어가 쉬어.

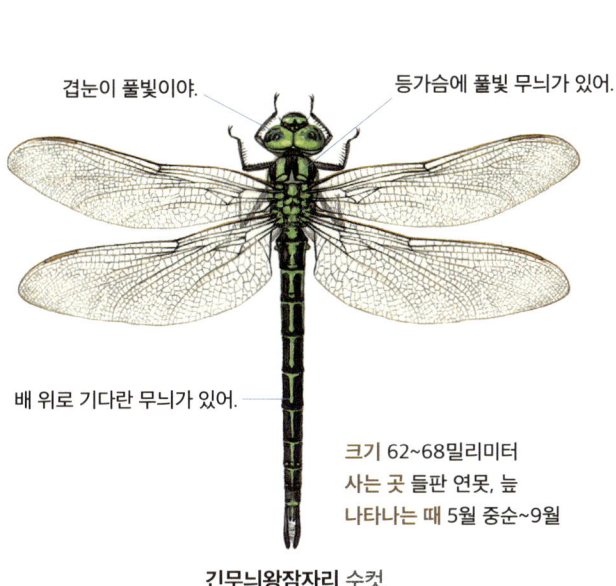

겹눈이 풀빛이야.
등가슴에 풀빛 무늬가 있어.
배 위로 기다란 무늬가 있어.

크기 62~68밀리미터
사는 곳 들판 연못, 늪
나타나는 때 5월 중순~9월

긴무늬왕잠자리 수컷

수컷 옆모습

암컷과 수컷 모두
옆가슴이 풀빛이야.
배 옆도 풀빛이야.

암컷 옆모습

긴무늬왕잠자리 수컷은 갈대 사이를 이리저리 잘 날아다녀.

긴무늬왕잠자리 암컷이 풀잎에 매달려 쉬고 있어.

긴무늬왕잠자리 수컷과 암컷이 만나 짝짓기를 하고 있어.
짝짓기를 마친 암컷은 혼자 물 위로 뻗은
물풀 줄기 속에 알을 낳아.

남쪽 나라에서 날아오는 남방왕잠자리

잠자리 가운데 아주 먼 거리를 날아오는 잠자리가 여럿 있어.
남방왕잠자리도 먼 남쪽 나라인 동남아시아에서 살다가 바람을 타고 봄에 우리나라로 날아와.
예전에는 제주도에서만 드물게 볼 수 있었는데, 요즘에는 대구와 청주, 인천에서도 가끔 보여.

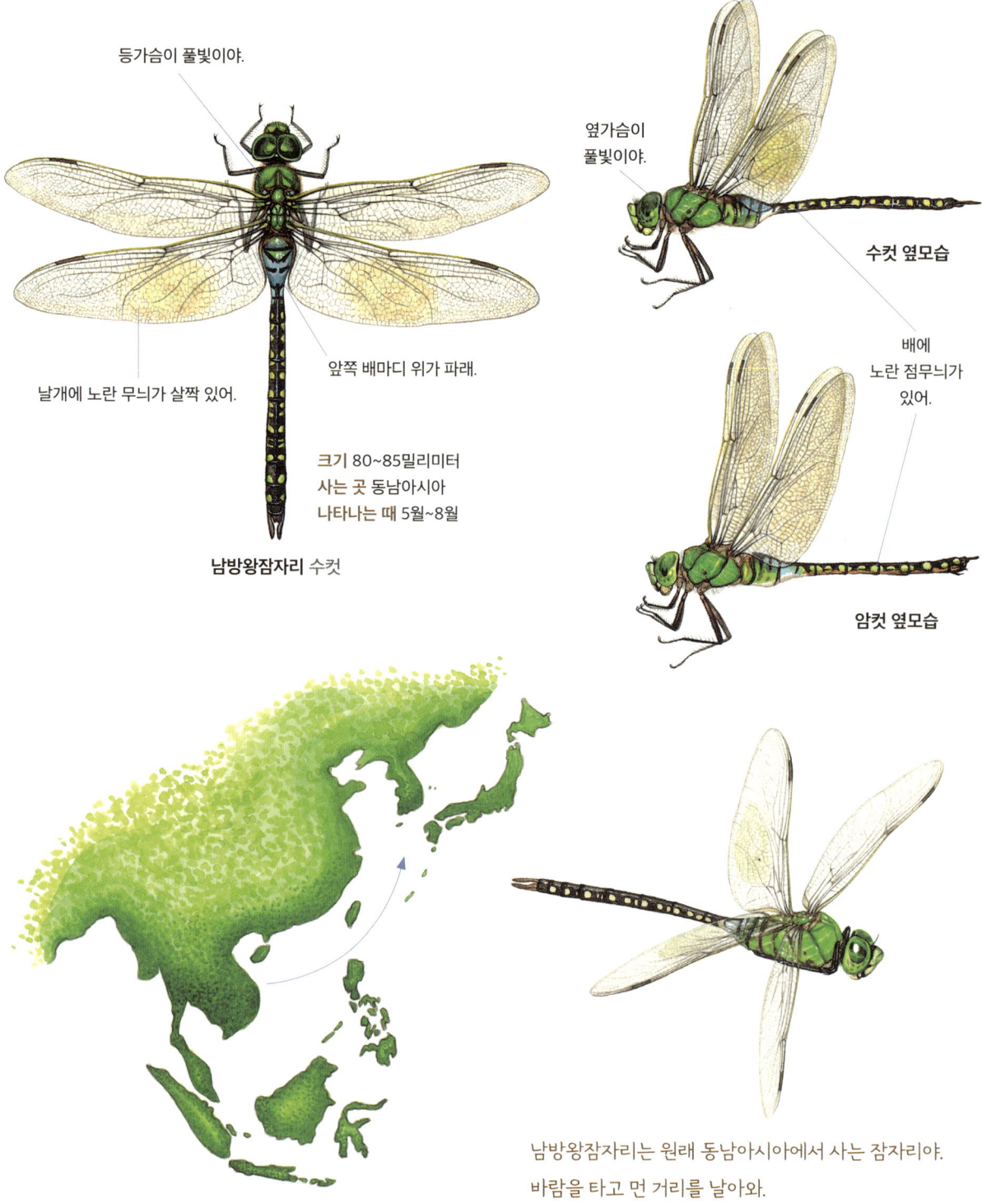

등가슴이 풀빛이야.
날개에 노란 무늬가 살짝 있어.
앞쪽 배마디 위가 파래.

크기 80~85밀리미터
사는 곳 동남아시아
나타나는 때 5월~8월

남방왕잠자리 수컷

옆가슴이 풀빛이야.
수컷 옆모습

배에 노란 점무늬가 있어.
암컷 옆모습

남방왕잠자리는 원래 동남아시아에서 사는 잠자리야.
바람을 타고 먼 거리를 날아와.

배가 잘록한 잘록허리왕잠자리와 개미허리왕잠자리

잘록허리왕잠자리와 개미허리왕잠자리는 이름처럼 정말 배가 잘록해.
잘록허리왕잠자리는 우리나라 중부와 남부 지방에서 드물게 볼 수 있고,
개미허리왕잠자리는 물풀이 수북이 자라고 물이 맑은 산골짜기 맑은 개울이나 내에서 살아.

배 옆에 노란 줄이 있는 황줄왕잠자리

황줄왕잠자리는 이름처럼 배 옆에 노란 줄무늬가 나 있어.
제주도와 남부 지방에서 살고, 아직까지 경기 북부 지방에서는 볼 수 없는 잠자리야.
황줄왕잠자리는 산속이나 산과 이어진 연못이나 웅덩이에서 살아.
숲이 우거지고 그늘진 곳을 좋아해. 한낮에는 숲 속에 있어서 안 보이다가,
해거름에 숲에서 나와 둘레에 있는 논이나 연못 위를 날아다녀.

10번째 배마디에 노란 가로 줄무늬가 있어.

황줄왕잠자리 수컷

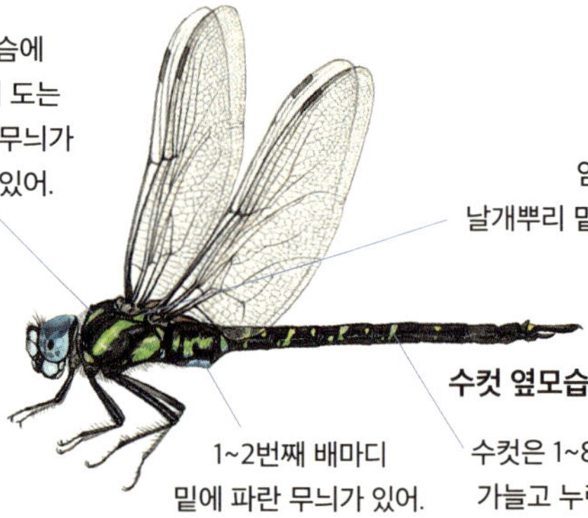

옆가슴에 풀빛이 도는 노란 줄무늬가 두 줄 있어.

암컷과 수컷 모두 날개뿌리 밑에 세모난 점무늬가 있어.

7번째 마디에 노란 고리무늬가 있어.

꽁무니가 굵어.

수컷 옆모습

1~2번째 배마디 밑에 파란 무늬가 있어.

수컷은 1~8번째 배마디 옆에 가늘고 누런 줄무늬가 있어.

배 옆에 노란 무늬가 있어.

암컷 옆모습

황줄왕잠자리 수컷이 날고 있어.
해거름에는 넓은 곳에서 높게 날고
해 뜰 참에는 낮게 날거나 제자리에 멈춰 날아.

황줄왕잠자리 암컷은 짝짓기를 마치면
혼자서 물가 둘레에 있는 이끼에 알을 낳아.

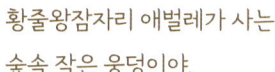

황줄왕잠자리 애벌레가 사는
숲속 작은 웅덩이야.

황줄왕잠자리 애벌레가 웅덩이에서 올챙이와 함께 살고 있어.

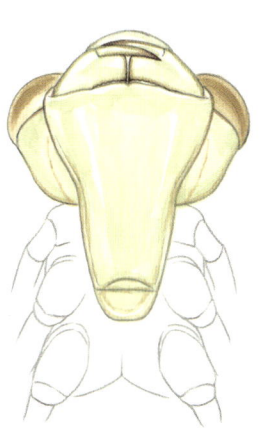

황줄왕잠자리 애벌레 아래턱 모습이야.
아래턱에는 날카로운 집게처럼 생긴
아랫입술이 있어.

측범잠자리 무리

측범잠자리라고 불리는 잠자리 들어봤어? 측범잠자리는 무슨 뜻일까?
잠자리 몸 무늬가 꼭 호랑이 무늬처럼 생겼다는 뜻이래.
측범잠자리 무리는 검은 몸에 노란 무늬가 나 있어.
측범잠자리는 거의 모두 하천에서 살아. 가끔 연못이나 저수지에서 보이기도 해.
측범잠자리 애벌레는 한 해 넘게 차가운 물속에서 크다가 이듬해 날개돋이하러 물 밖으로 나와.
그래서 측범잠자리는 한살이를 하는 데 두 해가 걸려.

타원형 겹눈이
서로 떨어져 있어.

앞날개와 뒷날개
삼각실이 넓고,
서로 닮았어.

암컷 8번째 배마디에
짧은 산란판이 있어.

측범잠자리 무리 생김새 특징

우리나라에는 측범잠자리 무리가 15종쯤 살아. 왕잠자리보다는 조금 작지만 그래도 몸집이 제법 커.

우리나라에서만 사는 산측범잠자리와 노란배측범잠자리

측범잠자리 가운데 산측범잠자리와 노란배측범잠자리는 우리나라에서만 살고 다른 나라에는 안 살아. 하천에 놀러 가면 꼭 찾아봐.

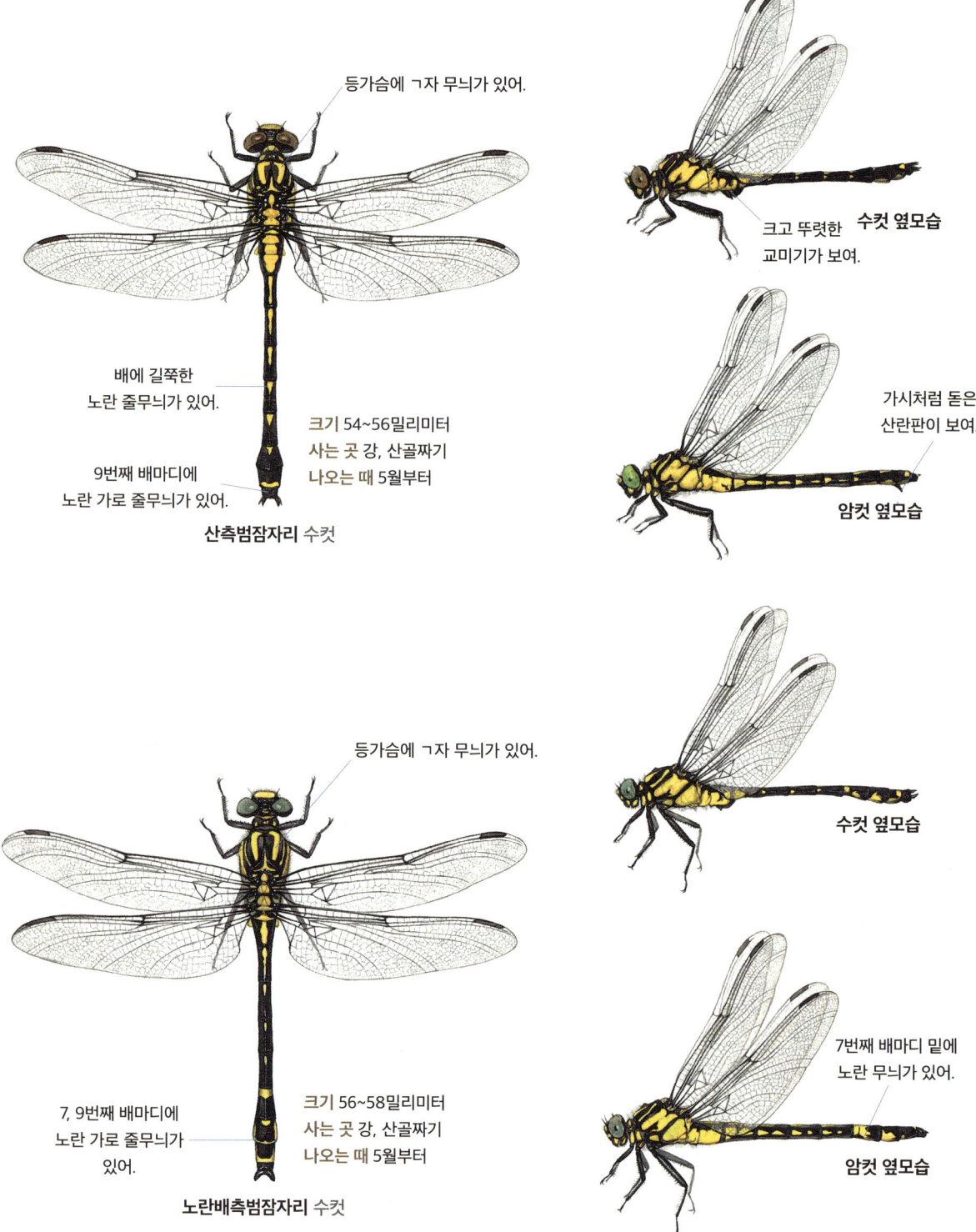

덩치가 제법 큰 꼬마측범잠자리

꼬마측범잠자리는 이름과 달리 측범잠자리 가운데 덩치가 제법 커.
우리나라 북쪽에 많이 살고, 중부 지방에서 드물게 볼 수 있어.

등가슴에 ㄱ자 무늬가 있어.

1~7번째 배마디에 세로 줄무늬가 있고 8~10번째 배마디에 가는 가로 줄무늬가 있어.

크기 50~52밀리미터
사는 곳 강 상류와 중류
나오는 때 4월~6월

꼬마측범잠자리 수컷

옆가슴이 어릴 때는 노랗다가 파랗게 바뀌어.

수컷 옆모습

배 등과 옆에 노란 줄무늬가 있어.

암컷 옆모습

옆가슴의 노래.

꼬마측범잠자리는 배 끝에 유난히 길고 꺾어진 부속기가 있어.

꼬마측범잠자리 애벌레

꼬마측범잠자리 애벌레는 자갈과 호박만 한 돌들이 많은 물속에서 살아.

산측범잠자리와 노란배측범잠자리 애벌레들은 하천 모래 속에 숨어서 살아.

산측범잠자리 애벌레

노란배측범잠자리 애벌레

우리 땅에 사는 잠자리

표범 무늬가 있는 자루측범잠자리

자루측범잠자리는 가슴과 등에 표범처럼 얼룩덜룩한 무늬가 나 있어.
5월 말부터 8월까지 우리나라 중부와 남부 지방에서 제법 흔하게 만날 수 있지.
강 중류와 하류에서 주로 살고, 둘레 숲이나 풀밭에서도 보여.

배마디마다 노란 가로 줄무늬가 있어.

9번째 배마디에 노란 무늬가 있어.

크기 48~50밀리미터
사는 곳 강 중류와 하류
나타나는 때 5월~8월

자루측범잠자리 수컷

수컷 옆모습

암컷과 수컷 모두 8번째 배마디 밑에 노란 무늬가 있어.

암컷 옆모습

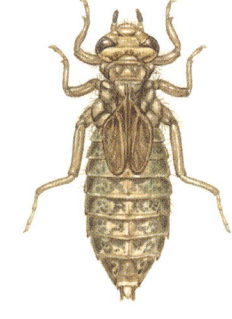

자루측범잠자리 애벌레 머리에는 네 마디로 된 더듬이가 있어.
이 더듬이가 꼭 자루처럼 생겨서 자루측범잠자리라는 이름이 붙었어.
애벌레는 자갈과 모래가 깔린 물 바닥에서 살아.

다 자란 자루측범잠자리 수컷은
하천 가운데쯤에서 제자리에 멈춰 날면서
먹이나 암컷을 찾아.

큰 강에서 사는 어리측범잠자리

측범잠자리 무리는 산속에서 살다가 알을 낳을 때쯤 강이나 개울로 내려와.
그래서 알 낳으러 강이나 개울로 내려올 때 쉽게 볼 수 있지.
어리측범잠자리도 큰 강과 가까운 숲이나 산에서 살다가 짝짓기할 때
큰 강과 여러 물줄기가 모이는 곳으로 내려와.

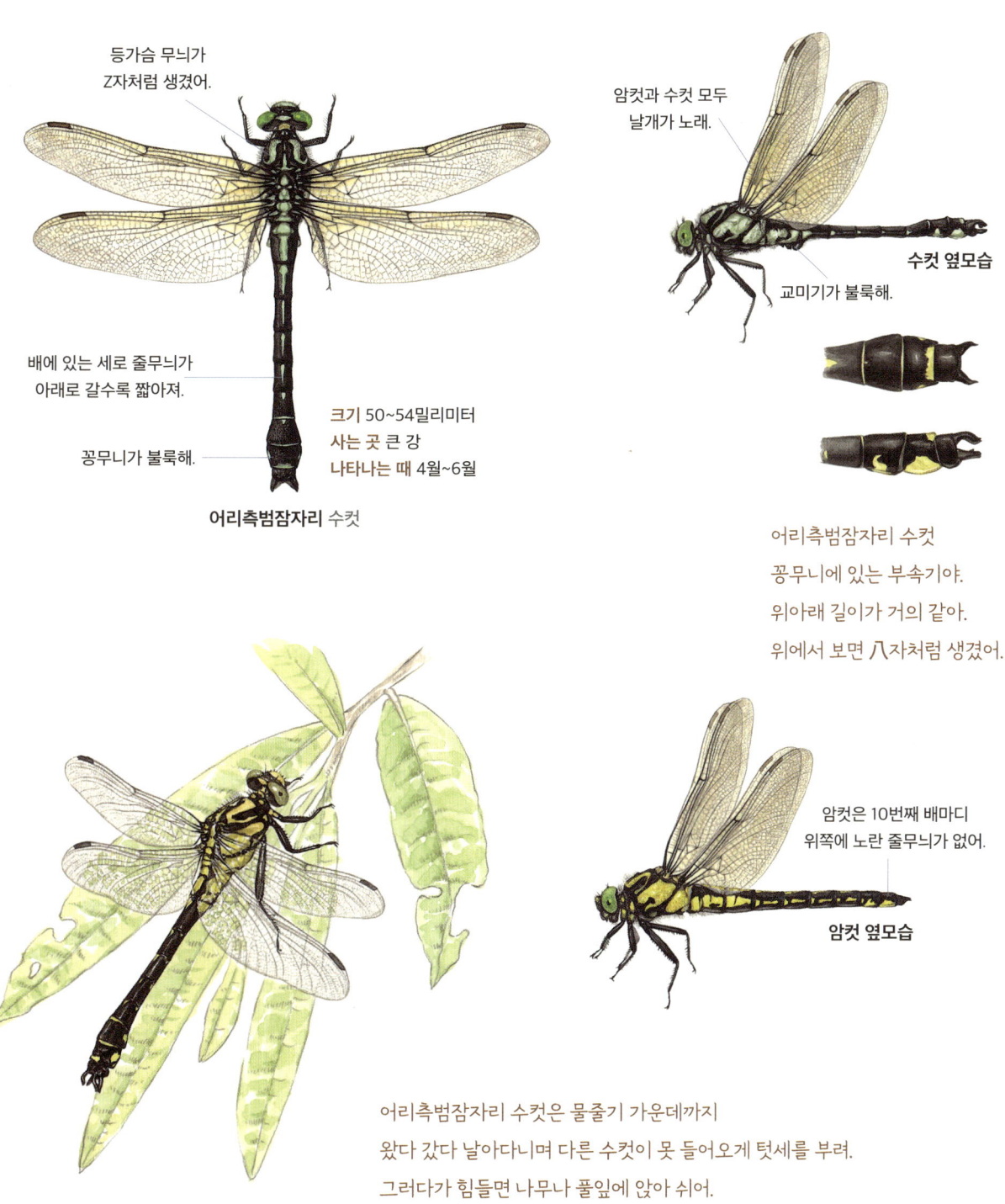

등가슴 무늬가 Z자처럼 생겼어.

암컷과 수컷 모두 날개가 노래.

수컷 옆모습

교미기가 불룩해.

배에 있는 세로 줄무늬가 아래로 갈수록 짧아져.

크기 50~54밀리미터
사는 곳 큰 강
나타나는 때 4월~6월

꽁무니가 불룩해.

어리측범잠자리 수컷

어리측범잠자리 수컷
꽁무니에 있는 부속기야.
위아래 길이가 거의 같아.
위에서 보면 八자처럼 생겼어.

암컷은 10번째 배마디 위쪽에 노란 줄무늬가 없어.

암컷 옆모습

어리측범잠자리 수컷은 물줄기 가운데까지
왔다 갔다 날아다니며 다른 수컷이 못 들어오게 텃세를 부려.
그러다가 힘들면 나무나 풀잎에 앉아 쉬어.

시냇가에 사는 쇠측범잠자리

따뜻한 봄이 시작되는 4월 말에 날아다니는 측범잠자리가 있어.
쇠측범잠자리는 아직 산속 그늘진 곳에 겨울 얼음이 남아 있는 4월 말부터 나와 돌아다녀.
잠자리치곤 참 일찍 나오는 편이야. 쇠측범잠자리는 제주도를 뺀
우리나라 하천 상류에서 흔히 볼 수 있는 잠자리야.

등가슴에 ㅅ자처럼 생긴 무늬가 있어.

배 위쪽에는 아무 무늬가 없어.

몸길이 40~44밀리미터
사는 곳 골짜기
나타나는 때 4월 하순~7월

쇠측범잠자리 수컷

배 옆에 작고 노란 점무늬가 있어.

수컷 옆모습

쇠측범잠자리 꽁무니 생김새야.
수컷은 짝짓기할 때 갈고리처럼 생긴
꽁무니로 암컷을 붙잡아.

암컷 옆모습
배 옆에 노란 무늬가 있어.

쇠측범잠자리 애벌레는 물속에서
겨울을 두 번 넘기고
그 이듬해 봄에 물 밖으로 나와
날개돋이를 해.

닮은 듯 다른 가시측범잠자리와 검정측범잠자리

가시측범잠자리와 검정측범잠자리는 생김새가 똑 닮았어.
가시측범잠자리는 제법 흔하게 보이지만, 검정측범잠자리는 수가 적어서 눈에 잘 안 띄어.

등가슴에 ㄱ자 무늬가 있어.

배 위에 노란 세로 줄무늬가 있어.

크기 42~45밀리미터
사는 곳 연못, 저수지
나타나는 때 4월 말~7월

가시측범잠자리 수컷

9번째 마디보다 10번째 마디가 더 짧아.

암컷 옆모습

수컷 옆모습

두 잠자리는 꽁무니 끝이 살짝 달라.
가시측범잠자리는 9번째 배마디 위가 가시처럼 튀어나왔어.
검정측범잠자리는 이 가시가 없어.

등가슴에 ㄱ자 무늬가 있어.

배 위에 노란 세로 줄무늬가 있어.

크기 42~46밀리미터
사는 곳 산, 들판 연못, 웅덩이, 냇물
나타나는 때 4월~6월

검정측범잠자리 수컷

수컷 옆모습

9번째 마디보다 10번째 마디가 더 길어.

암컷 옆모습

측범잠자리는 거의 모두 하천에서 살지만
가시측범잠자리는 이른 봄 연못가에서 살아.

가시측범잠자리 수컷

꽁무니가 갈구리를 닮은 노란측범잠자리

'갈구리'라는 말 들어 본 적 있어. 갈구리는 가랑잎을 긁어모을 때 쓰는 끝이 둥그렇게 꼬부라진 도구야. 표준말로는 '갈퀴'라고 하지. 노란측범잠자리 수컷 꽁무니가 이 갈구리를 꼭 닮았어. 그래서 한때는 '갈구리측범잠자리'라고도 했어.

크기 54~56밀리미터
사는 곳 하천
나타나는 때 6월 중순~9월

노란측범잠자리 수컷

노란측범잠자리는 산과 들판에 흐르는 개울이나 내에서 흔하게 볼 수 있어. 물가 둘레에 있는 넓은 풀밭이나 빈터를 날아다녀. 산길이나 골짜기에서도 볼 수 있어.

노란측범잠자리 수컷이 물가 돌 위에 앉아 꽁무니를 한껏 치켜들고 있어. 그러다가 먹이가 나타나면 빠르게 날아가서 잡아.

노란측범잠자리 암컷은 짝짓기를 마치면 물줄기 상류와 중류로 혼자 날아가. 꽁무니로 물낯을 톡톡 치면서 알을 낳지.

측범잠자리 가운데 가장 큰 어리장수잠자리

어리장수잠자리라는 이름은 장수잠자리를 닮았다는 뜻이야.
생김새나 몸집이 장수잠자리를 닮았지만 측범잠자리 무리에 들어.
측범잠자리 무리 가운데 몸집이 가장 크고 사나워서 나비, 나방뿐만 아니라
같은 잠자리까지 잡아먹어.

등가슴에 노란 무늬가 있어.

암컷과 수컷 모두 3~8번째 배마디에 노란 띠무늬가 있어.

크기 74~80밀리미터
사는 곳 산골짜기
나타나는 때 5월~7월

어리장수잠자리 수컷

다리가 굵고 길어.
수컷 옆모습

9~10번째 배마디에 노란 무늬가 없어.
암컷 옆모습

어리장수잠자리는 산골짜기에 살아.
물이 맑고 느릿느릿 흐르는 곳을 유난히 좋아해.

짝짓기를 마친 암컷은 물이 얕고
천천히 흐르는 개울에 혼자 날아가서 알을 낳아.

애벌레는 좁은 돌 틈에 쏙 숨을 수 있을 만큼 몸이 납작해.
꼭 물속에 떨어진 가랑잎 같아.

꼬리에 부채가 달린 부채장수잠자리

부채장수잠자리는 이름처럼 암컷과 수컷 배 꽁무니에 부채처럼 생긴 돌기가 있어. 이것만 보면 저수지나 호숫가에서도 부채장수잠자리를 한눈에 알아볼 수 있지.

3~7번째 배마디 위에 삼각형 노란 무늬가 있어.

크기 65~70밀리미터
사는 곳 저수지 연못
나타나는 때 6월~8월

부채장수잠자리 수컷

암컷 옆모습

암컷과 수컷 모두 넓적다리 마디가 노래.

수컷 옆모습

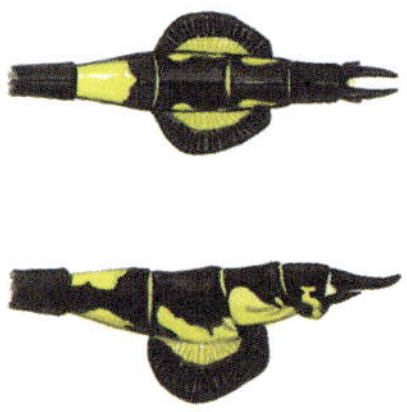

부채장수잠자리는 물풀이 우거진 연못이나 넓은 저수지에서 살아. 요즘에는 도시 속 호수공원에서도 볼 수 있어.

부채장수잠자리 수컷은 연못가 풀 줄기에 앉아 암컷을 기다리곤 해. 다른 수컷이 자기 사는 곳에 들어오면 아주 멀리까지 쫓아내지. 암컷은 숲속에서 살기 때문에 짝짓기 때가 아니면 좀체 못 봐.

부채장수잠자리와 닮은 어리부채장수잠자리

어리부채장수잠자리는 우리나라 거의 모든 강과 개울, 호숫가에서 볼 수 있는 가장 흔한 측범잠자리야. 어리부채장수잠자리는 등가슴에 ㄱ자처럼 생긴 무늬가 있어.

등가슴에 ㄱ자처럼 생긴 무늬가 있어.

7번째 배마디에 넓은 노란 무늬가 있어.

크기 67~72밀리미터
사는 곳 강, 저수지, 연못
나타나는 때 5월 말~7월

어리부채장수잠자리 수컷

암컷과 수컷 모두 7~9번째 배마디가 굵어.

암컷 옆모습

암컷과 수컷 모두 넓적다리 마디가 노래.

수컷 옆모습

어리부채장수잠자리는 부채장수잠자리와 생김새가 많이 닮았어. 하지만 꽁무니에 부채처럼 생긴 돌기가 없어.

어리부채장수잠자리 수컷이 더운 날씨에 몸을 식히려고 꽁무니를 치켜들고 앉아 있어. 수컷은 물가 둘레에 살면서 다른 수컷이 들어오면 냉큼 날아가 쫓아내.

장수잠자리 무리

장수잠자리 무리는 우리나라에 장수잠자리 한 종만 살아.

우리나라에서 가장 큰 장수잠자리

우리나라에서 가장 큰 잠자리가 누구일까? 바로 장수잠자리야. 장수처럼 몸집이 크고 힘도 아주 세. 암컷은 몸길이가 10센티미터나 돼. 수컷은 암컷보다 조금 더 작아.

양쪽 겹눈이 서로 점으로 맞붙어 있어. 겹눈은 푸르스름해.

등가슴에 ㅅ자 무늬가 있어.

크기 95~100밀리미터
사는 곳 작은 개울이나 골짜기
나타나는 때 6월~9월

장수잠자리 수컷

암컷과 수컷 모두 옆가슴에 노란 무늬가 두 줄 있어.

암컷은 꽁무니에 긴 산란판이 있어.

수컷 옆모습

암컷 옆모습

암컷과 수컷 모두 배마디에 굵고 노란 줄무늬가 있어.

장수잠자리는 우리나라 남부 지방과 지리산 골짜기에서 볼 수 있어.
경기도 광릉에서도 보이지. 하지만 남쪽 거제도에서 가장 많이 볼 수 있어.
장수잠자리는 몸집이 큰데도 사는 곳은 숲속 작고 좁은 골짜기에서 지내.
들판이나 도시에서는 보기 힘들지.

장수잠자리가 사는 작은 골짜기야.

장수잠자리 암컷이 꽁무니를 아래로 길게 내리고 나무줄기에 매달려 쉬고 있어.

장수잠자리 수컷은 작은 개울을 위아래로 낮게 날면서 텃세를 부려.

장수잠자리 애벌레는 겨울에도 물이 다 얼지 않고 흐르는 아주 작은 웅덩이에서 삼 년을 살아.
산속 좁은 웅덩이 속에는 먹이가 많지 않아서 아주 더디게 자라.

장수잠자리 애벌레는 작은 옆새우나 강도래 애벌레를 잡아먹어.

우리 땅에 사는 잠자리 105

청동잠자리 무리

청동잠자리 무리는 이름처럼 머리와 가슴이 청동빛을 띤 잠자리가 많아. 배는 까맣지.
우리나라에는 청동잠자리, 언저리잠자리, 북방잠자리, 밑노란잠자리붙이,
참북방잠자리, 삼지연북방잠자리, 밑노란잠자리, 북해도북방잠자리, 백두산북방잠자리가 살아.
삼지연북방잠자리나 참북방잠자리처럼 북쪽 지방에 사는 잠자리도 있어.

알 뭉치를 떨어뜨리는 언저리잠자리

언저리잠자리라는 이름이 참 재미있지?
좀체 내려앉지 않고 물가 언저리를 빙빙 맴돈다고 이런 이름이 붙었어.

언저리잠자리 수컷
크기 48~53밀리미터
사는 곳 들판 연못
나타나는 때 4월 말~6월

언저리잠자리 암컷은 물가에 자란 풀 줄기를 잡고 앉아서
자기 배 꽁무니에 알을 뭉치게 낳아. 그리고 물 위를 날다가
알맞은 곳에서 꽁무니를 물낯에 툭 쳐서 알 뭉치를 떨어뜨리지.
물에 떨어진 알들은 가까운 물풀에 붙어.
그리고 두 주쯤 뒤에 애벌레가 깨어 나와.
겨울을 난 애벌레는 봄에 일찍 날개돋이해.

제주도에서도 만날 수 있는 백두산북방잠자리

백두산북방잠자리는 백두산 삼지연이라는 호수에서 1993년에 처음 찾았어. 그래서 백두산이라는 이름이 들어가게 되었지. 하지만 백두산뿐만 아니라 우리나라 중부 지방과 거제도, 제주도 같은 남쪽에서도 볼 수 있어. 그래서 제주도에서도 북녘에서 사는 백두산북방잠자리를 볼 수 있어. 산속에 있는 작은 웅덩이나 개울에서 살아.

등가슴이 풀빛이야.
겹눈이 풀색이야.
꽁무니가 불룩해.
암컷과 수컷 모두 배가 까매.
수컷 옆모습
산란관이 뾰족해.
암컷 옆모습
옆가슴에 노란 줄무늬가 두 줄 있어.

크기 52~56밀리미터
사는 곳 높은 산 늪, 웅덩이
나타나는 때 6월~9월

백두산북방잠자리 수컷

백두산북방잠자리 수컷은 물 가장자리나 둘레에 있는 빈터 위를 5~8미터 높이로 천천히 날아다녀.

여기서 잠깐!

백두산북방잠자리와 닮은 잠자리가 있어. 모두 눈과 가슴에 풀빛이 돌고, 배가 까매.

참북방잠자리 수컷   **삼지연북방잠자리** 수컷   **밑노란잠자리** 수컷

잔산잠자리 무리

잔산잠자리 무리에는 산잠자리, 잔산잠자리, 노란잔산잠자리, 만주잔산잠자리가 있어.
잔산잠자리들은 어떻게 사는지 한번 살펴볼까?

호수를 지배하는 산잠자리

산잠자리는 이름과 달리 들판에 있는 저수지나 호수에서 살아.
그런데 왜 산잠자리라고 할까? 먹이를 사냥하거나 짝짓기할 때는
둘레에 있는 산에서 지내기 때문이야. 산잠자리는 강원도 산골 저수지부터
남부 지방 바닷가, 섬에 있는 큰 연못까지 우리나라 어디서나 볼 수 있어.

겹눈이 풀빛이야.

얼굴에 굵고 하얀 줄무늬가 두 줄 있어.

수컷 옆모습

7번째 배마디에 굵고 넓은 노란 띠가 있어.

크기 72~76밀리미터
사는 곳 들판 연못, 저수지
나타나는 때 5월~9월

암컷과 수컷 모두 옆가슴에 노란 줄무늬가 두 줄 있어.

날개뿌리가 노래.

암컷 옆모습

산잠자리 수컷

산잠자리 수컷이 자기 사는 곳에 들어온 왕잠자리를 내쫓고 있어.
밀잠자리나 고추잠자리처럼 작은 잠자리가 오면 신경도 안 쓰지만
왕잠자리처럼 큰 잠자리가 들어오면 득달같이 달려들어 쫓아내.
작은 호수라면 산잠자리 한 마리가 전부 차지하고, 커다란 호수는
이백 미터쯤 거리를 두고 여러 마리가 자기 사는 곳을 지키면서 살아.

산잠자리 암컷이 나무줄기에 매달려 쉬고 있어.

구슬처럼 영롱한 눈을 가진 잔산잠자리

잠자리 눈은 수만 개에 달하는 낱눈과 이를 둘러싼 유리 같은 부분이 어우러져서 정말 멋져. 그 가운데서도 잔산잠자리 눈이 으뜸이야. 마치 맑고 푸른 유리구슬 같거든.

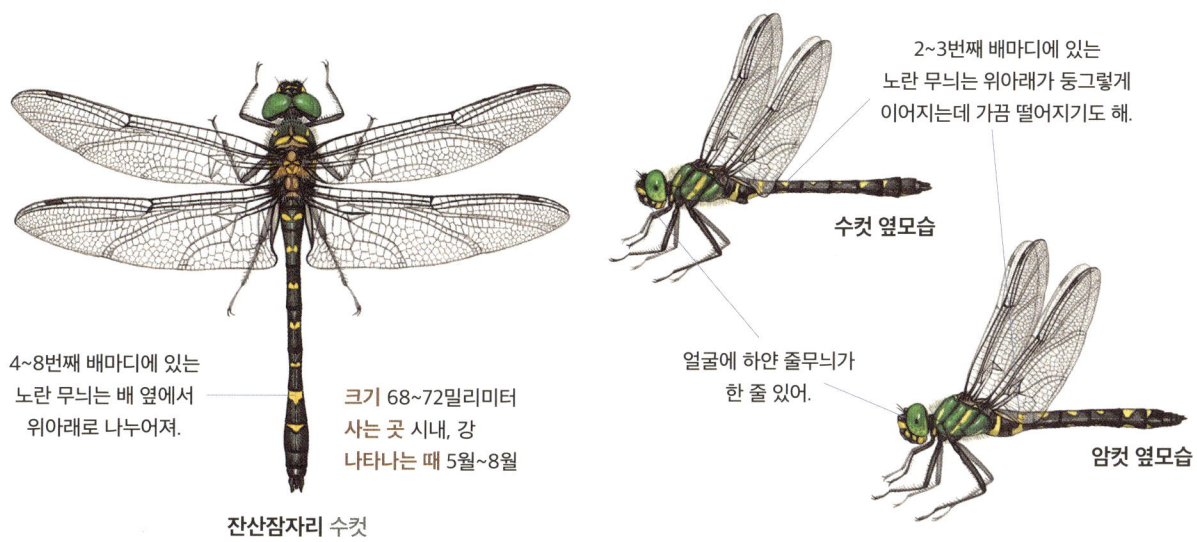

4~8번째 배마디에 있는 노란 무늬는 배 옆에서 위아래로 나누어져.

크기 68~72밀리미터
사는 곳 시내, 강
나타나는 때 5월~8월

잔산잠자리 수컷

2~3번째 배마디에 있는 노란 무늬는 위아래가 둥그렇게 이어지는데 가끔 떨어지기도 해.

수컷 옆모습

얼굴에 하얀 줄무늬가 한 줄 있어.

암컷 옆모습

저수지나 호수에 사는 산잠자리와 달리 잔산잠자리는 느릿느릿 흐르는 강이나 내에서 살아. 수컷은 오후 늦게 나와서 물가를 따라 위아래로 왔다 갔다 날아다녀.

여기서 잠깐!

여러 가지 잔산잠자리 무리

노란잔산잠자리, 만주잔산잠자리도 잔산잠자리와 닮았어. 노란잔산잠자리는 잔산잠자리와 다르게 3번째 배마디에 있는 노란 무늬가 위아래로 떨어져 있어. 만주잔산잠자리는 4~8번째 배마디에 있는 노란 무늬가 위아래로 이어져서 잔산잠자리와 달라.

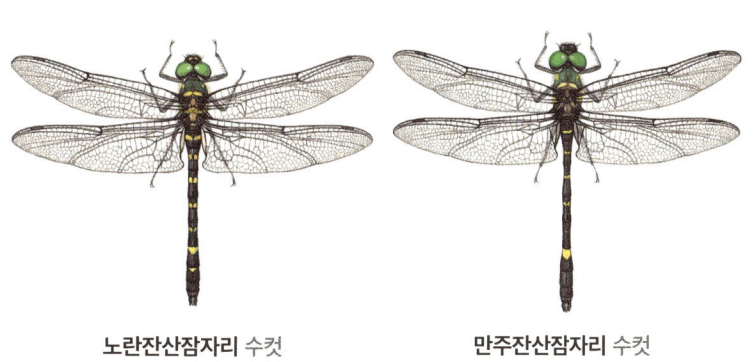

노란잔산잠자리 수컷   **만주잔산잠자리** 수컷

잠자리 무리

지금까지 알아본 여러 가지 잠자리 무리를 떠올려 볼까?
물잠자리, 실잠자리, 왕잠자리, 측범잠자리, 장수잠자리, 청동잠자리, 잔산잠자리 무리가 있었지?
그런데 우리가 잘 아는 밀잠자리나 고추잠자리는 어느 무리에 속할까?
바로 우리가 흔히 말하는 잠자리 무리야.
잠자리 무리는 다른 잠자리와 어떻게 다른지 한번 알아볼까?

잠자리 무리 생김새 특징

잠자리 무리는 앞날개와 뒷날개 날개맥에 있는 삼각실 생김새가 서로 달라.
'삼각실'은 날개맥에 있는 세모난 곳을 말해.

잠자리 무리는 풀 줄기나 기둥 끝에 앉을 때
몸이 수평이 되게 앉아.

잠자리 무리는 우리나라에 40종이 살아.
저마다 몸빛과 무늬, 생김새가 달라.

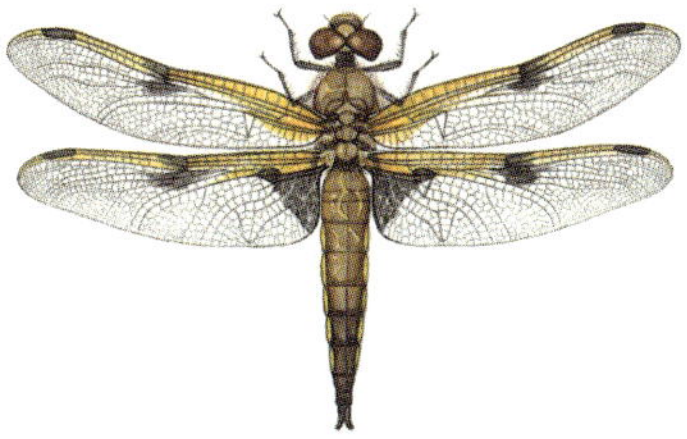

넉점박이잠자리 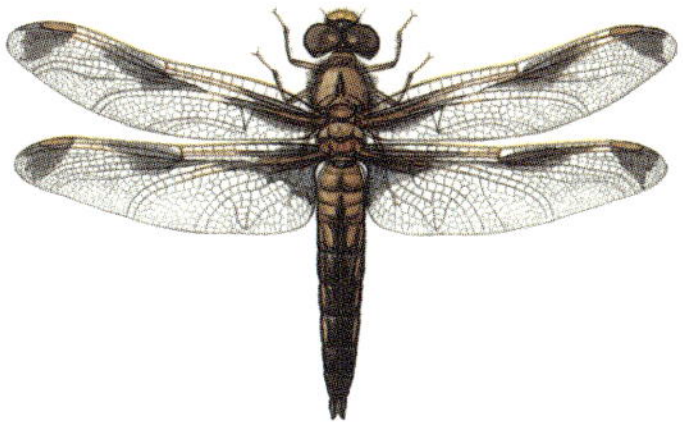 대모잠자리 배치레잠자리

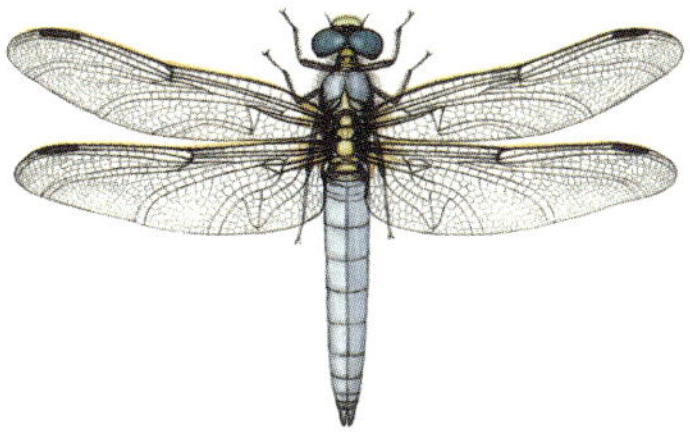

중간밀잠자리 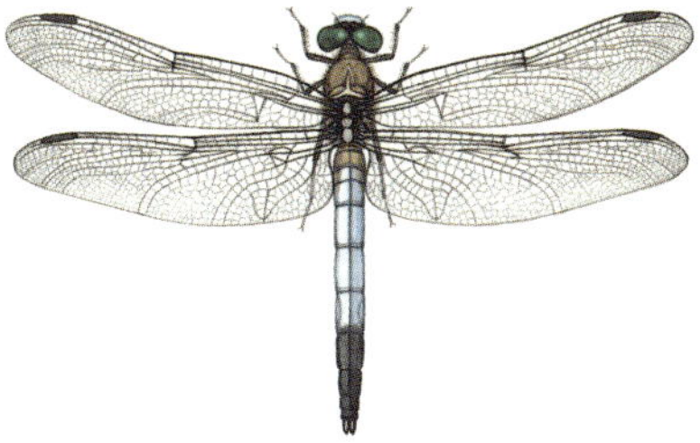 밀잠자리 큰밀잠자리

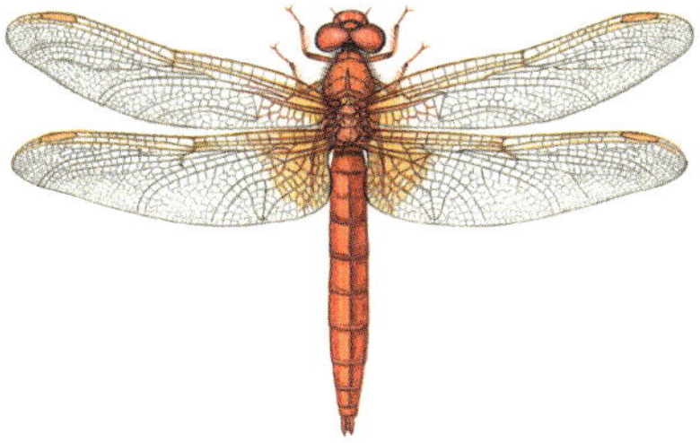

고추잠자리 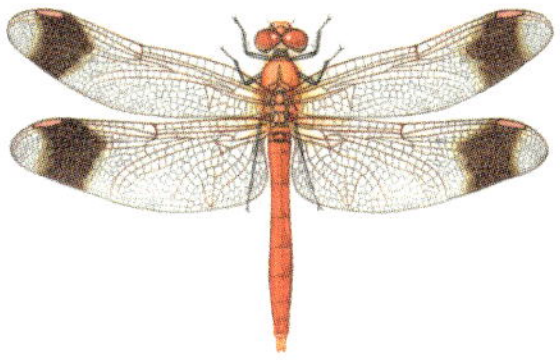 날개띠좀잠자리 노란잠자리

깃동잠자리 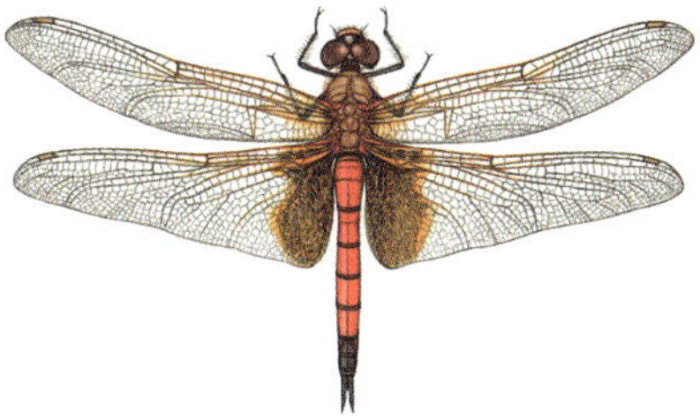 날개잠자리 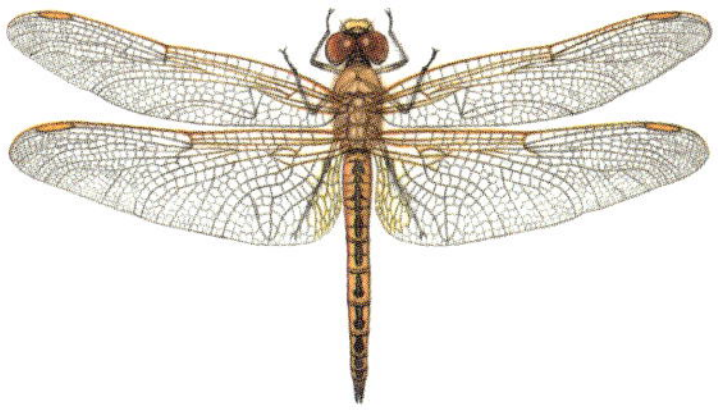 된장잠자리

노란허리잠자리  나비잠자리  남색이마잠자리

우리 땅에 사는 잠자리 111

세상에서 가장 작은 꼬마잠자리

꼬마잠자리는 세상에서 가장 작은 잠자리야. 크기가 500원 동전보다 작거든.
꼬마잠자리는 맑은 물이 흐르는 산속 늪에서 살아.
평생을 지름이 1미터쯤 되는 좁은 곳 안에서만 살아.
꼬마잠자리는 아주 드물어서 나라에서 보호종으로 정해 지키고 있어.

꼬마잠자리는 500원짜리 동전보다 작아.

꼬마잠자리 수컷 여러 마리와 암컷 한 마리가 풀숲에 있어.
꼬마잠자리 수컷은 개여뀌나 골풀처럼 작은 풀 사이를
왔다 갔다 날아다녀. 풀 위에도 자주 앉지.
수컷과 달리 암컷은 풀숲에 숨어 있어서 잘 안 보여.

꼬마잠자리는 몸집이 작고 힘도 없어서
파리매나 밀잠자리, 거미에게 잘 잡아먹혀.

거북 등딱지 무늬가 있는 대모잠자리

대모잠자리는 봄에 먼저 볼 수 있는 잠자리 가운데 하나야.
남부 지방에서는 4월 초부터 볼 수 있고, 중부와 북부 지방에서는 4월 말부터 볼 수 있어.
온몸이 거무스름하고 날개에도 거뭇거뭇한 무늬가 있어.
이 무늬가 꼭 바다에 사는 대모거북 등딱지 무늬와 닮았다고 대모잠자리라고 해.

배가 밤빛이고, 배 등에 까만 무늬가 있어.

몸길이 38~43밀리미터
사는 곳 연못, 늪
나타나는 때 4월~6월

대모잠자리 수컷

암컷과 수컷 모두 날개에 검은 밤색 무늬가 있어.

수컷 옆모습

암컷 옆모습

대모잠자리 수컷은
연못 둘레를 날아다니면서
자기가 사는 곳을 지켜.
그러다가 갈대 줄기에 곧잘 앉지.

대모잠자리는 갈대가 수북하게 자라는 연못이나 늪에서 살아. 하지만 사람들이 연못이나 늪을 메우면서 사는 곳이 빠르게 사라지고 있어. 환경부에서는 대모잠자리를 멸종위기종으로 정해 지키고 있어.

왕잠자리도 쫓아내는 넉점박이잠자리

대모잠자리를 닮은 잠자리가 있어. 바로 넉점박이잠자리야.
이름처럼 양쪽 날개에 까만 무늬가 네 군데씩 있어. 우리나라 어디에서나 볼 수 있지.

날개뿌리가 까매.

몸길이 40~44밀리미터
사는 곳 바닷가부터 높은 산까지
나타나는 때 4월 말~6월 말

넉점박이잠자리 수컷

암컷과 수컷 모두 배 옆에 노란 무늬가 있어.

수컷 옆모습

암컷과 수컷 모두 날개 앞 가장자리가 노래.

암컷 옆모습

넉점박이잠자리는 대모잠자리처럼
물풀이 수북하게 자란 연못이나 늪에서 살아.
넉점박이잠자리 수컷은 잠자리 무리 가운데
가장 요란하고 심하게 자리싸움을 해.

넉점박이잠자리 수컷은 서로 치고 박고
싸우다가도 자기들보다 더 크고
힘센 왕잠자리나
먹줄왕잠자리가 나타나면
함께 달려들어 쫓아내.

쉴 새 없이 싸우는 배치레잠자리

넉점박이잠자리처럼 서로 잘 싸우는 잠자리가 또 있어. 바로 배치레잠자리야.
배치레잠자리 수컷도 좋은 곳을 차지하려고 쉴 새 없이 서로 싸워.
넓은 저수지나 늪, 논 둘레에 있는 작고 얕은 웅덩이에서 여러 마리가 뒤엉켜 싸우기도 해

배는 옆으로 넓적하고, 등에는 까만 줄무늬가 있어.

몸길이 34~38밀리미터
사는 곳 웅덩이, 늪
나타나는 때 5월~9월

배치레잠자리 수컷

온몸이 파란데, 배 꽁무니만 까매.

수컷 옆모습

겹눈이 노래.

몸이 노래.

암컷 옆모습

덜 자란
배치레잠자리 수컷은
암컷처럼 몸이 누레.

먼저 자리를 잡은 배치레잠자리 수컷에게
새로 온 수컷이 제자리에서 날면서
배를 치켜들고 위협을 하고 있어.
그러면 앉아 있던 수컷이 사납게 달려들어
서로 싸움을 벌여.

배치레잠자리 수컷이
반쯤 어른이 됐을 때
모습이야.

배치레잠자리 여러 마리가 한꺼번에 달려들면 덩치 크고
사나운 밀잠자리라도 도망쳐. 다른 잠자리를 쫓아내면
웅덩이에서 좋은 자리를 차지하려고 자기들끼리 싸움을 벌이지.

꽁무니가 파란 밀잠자리 무리

밀잠자리들은 서로 생김새가 많이 닮았어. 언뜻 보아서는 다 똑같은 잠자리로 보여. 하지만 하나하나 톺아보면 저마다 생김새가 달라.

밀잠자리 무리는 어떻게 살까?

밀잠자리는 우리나라 어디에서나 흔하게 볼 수 있어.
밀잠자리는 4월 말부터 10월까지 날아다니는데 6월~8월에 가장 많이 볼 수 있지.
다른 잠자리와 달리 한꺼번에 날개돋이해서 나오지 않고
봄부터 늦여름까지 꾸준히 날개돋이해서 나와.

밀잠자리 암컷

짝짓기를 마친 밀잠자리 암컷은 꽁무니로 물낯을 두드리면서 알을 떨어뜨려.
수컷은 알 낳는 암컷 위를 날면서 다른 수컷이 가까이 못 오게 지키지.

밀잠자리 미성숙 수컷 　　**중간밀잠자리** 미성숙 수컷 　　**중간밀잠자리** 성숙 수컷

밀잠자리나 중간밀잠자리 수컷은 어른이 되기 전까지는 밤빛을 띠어. 그러다 어른이 되면 몸빛이 파랗게 바뀌지.

중간밀잠자리는
계단식 논에서 많이 볼 수 있어.
논둑 아래 얕게 고인 물속에
중간밀잠자리 애벌레가 살아.

중간밀잠자리 애벌레

중간밀잠자리는 5월쯤 날개돋이해서
6월이 가기 전에 짝짓기하고 알을 낳지.
밀잠자리와 다르게 4월 중순부터 6월 말까지만 보이니
중간밀잠자리를 보려면 서둘러야 해.
눈치가 빠르고 경계심이 많아 금방 도망가니까
살금살금 다가가서 살펴봐.

큰밀잠자리 미성숙 수컷

큰밀잠자리 성숙 암컷

홀쭉밀잠자리 미성숙 수컷

큰밀잠자리와 홀쭉밀잠자리도 다 자라기 전에는 수컷과 암컷 몸빛이 똑같아.
그런데 수컷은 크면서 머리는 까매지고 가슴과 배는 잿빛으로 바뀌지.

홀쭉밀잠자리는 작은 냇가에서 살고
6월 초부터 8월까지 날아다녀.
암컷과 수컷이 짝짓기를 마치면
암컷은 물이 느릿느릿 흐르는 작은 냇가로
혼자 날아가 알을 낳아.

우리 땅에 사는 잠자리

가을 고추처럼 빨간 고추잠자리

고추잠자리는 우리나라 어디에서나 흔하게 볼 수 있어.
연꽃이나 부들 같은 물풀이 수북하게 자란 연못에 살지.
다른 잠자리들은 사람이 다가가면 달아났다가 곧 제자리로 돌아오는데,
고추잠자리는 훌쩍 다른 곳으로 날아가 앉을 만큼 조심성이 많아.

온몸이 빨개.
몸길이 44~50밀리미터
사는 곳 들판 연못, 저수지
나타나는 때 5월~8월

고추잠자리 수컷

온몸이 누렇고 날개에 노란빛이 돌아.

수컷 옆모습

암컷 옆모습

고추잠자리도 큰밀잠자리, 홀쭉밀잠자리처럼 갓 날개돋이한 수컷과 암컷 몸빛이 같아서 헷갈려.
수컷은 다 자라면 몸이 빨갛게 바뀌어.

고추잠자리 미성숙 수컷　　**고추잠자리** 반성숙 수컷　　**고추잠자리** 성숙 수컷

고추잠자리 수컷은 암컷이 자기가 사는 곳으로 들어오면 짝짓기를 해.
짝짓기가 끝나면 암컷은 혼자 물 위를 낮게 날아다니면서
꽁무니로 물낯을 톡톡 치며 알을 낳아.

고추잠자리 애벌레는 물속에서
허물을 몇 번 벗고 크다가 겨울을 나.
이듬해 봄에 물 밖으로 나와 날개돋이해.

피서를 가는 고추좀잠자리

고추좀잠자리는 산과 들판, 연못, 저수지, 강, 늪 같은 물가에서 볼 수 있어.
여름이면 더위를 피해 산으로 올라가. 모기와 하루살이 같은 작은 곤충을 잡아먹으며 살지.
가을이 되면 다시 들판으로 내려와 짝짓기하고 알을 낳아.

등가슴이 밤색이야.

배만 빨개.

몸길이 38~44밀리미터
사는 곳 연못, 저수지, 늪, 강
나타나는 때 6월~10월

고추좀잠자리 수컷

수컷 옆모습

배 옆에 검은 줄무늬가 있어.

암컷 옆모습

고추좀잠자리 수컷은 고추잠자리 수컷과 많이 닮았어.
하지만 고추잠자리 수컷과 달리 고추좀잠자리 수컷은 배만 빨개.

뜨거운 여름이면 고추좀잠자리는
배 꽁무니를 하늘 높이 치켜들고
더위를 식히기도 해.

고추좀잠자리 수컷도
어른이 되기 전에는
암컷처럼 몸빛이 누레.

고추좀잠자리 미성숙 수컷

날개 끝이 거무스름한 깃동잠자리와 날개띠좀잠자리

깃동잠자리는 우리 둘레에서 흔하게 볼 수 있는 잠자리야.
그런데 가만히 보면 깃동잠자리는 세 종류가 있어.
바로 깃동잠자리, 산깃동잠자리, 들깃동잠자리야.

어떤 깃동잠자리인지는 옆가슴을 보면 더 쉽게 알 수 있어. 깃동잠자리는 옆가슴에 까만 줄이 세 줄 나 있어.
산깃동잠자리는 가운데 까만 줄이 끝에 있는 까만 줄과 이어져. 들깃동잠자리는 가운데 까만 줄이 중간에서 끊겨.

산깃동잠자리 수컷 비행

산깃동잠자리는 깨끗한 골짜기에서 살아.
산깃동잠자리를 볼 수 있는 곳이 한두 군데밖에 안 돼서 아주 귀해.
깃동잠자리는 산길이나 연못에서 쉽게 볼 수 있고,
들깃동잠자리는 이름과 달리 산속 연못에서 살아.

한여름이 지나면서 날개에 띠무늬가 있는 잠자리를 또 볼 수 있어.
언뜻 보면 꼭 깃동잠자리 같지만, 깃동잠자리와 달리 날개 끄트머리가 투명해.
바로 날개띠좀잠자리야. 날개띠좀잠자리는 우리나라 어디에서나 볼 수 있어.

몸길이 32~38밀리미터
사는 곳 산속, 들판, 늪, 강
나오는 때 6월~10월

날개띠좀잠자리 수컷

수컷 옆모습

암컷 옆모습

날개띠좀잠자리 수컷은 가을이 되면 온몸이 빨갛게 물들어.
그 모습이 꼭 시집가는 새색시처럼 예쁘다고 '색시잠자리'라고도 해.
암컷은 온몸이 노랗고 여덟 번째와 아홉 번째 배마디에 까만 점무늬가 있어.

날개띠좀잠자리 수컷들은
다른 잠자리와 달리 사이가 좋아.
다른 잠자리 수컷들은 자기 사는 곳에
다른 수컷이 들어오면 달려들어 싸우잖아?
그런데 날개띠좀잠자리 수컷들은
한 나무에 사이좋게 앉아 쉬고는 해.

얼굴에 까만 점이 있는 두점박이좀잠자리

두점박이좀잠자리는 이름처럼 암컷과 수컷 모두 얼굴에 까만 점이 두 개 있어.
산에 있는 늪이나 들판, 연못, 도랑, 저수지에서 흔하게 볼 수 있어.
두점박이좀잠자리 수컷은 가을이 되면 고추잠자리처럼 배가 빨갛게 바뀌어.

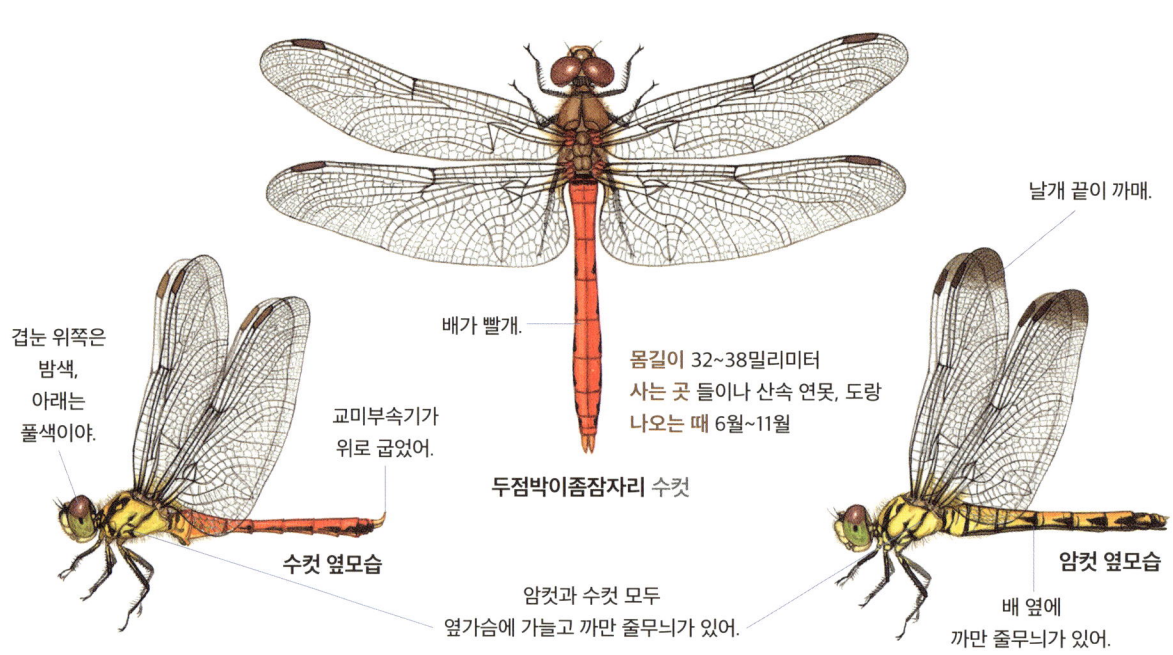

날개에 깃동이 있다고 해서
모두 깃동잠자리 종류는 아니야.
두점박이좀잠자리 암컷 날개에도 깃동 무늬가 있어.
하지만 깃동잠자리와 달리 옆가슴에
까만 줄무늬가 아주 가늘어.

두점박이좀잠자리는 이름처럼 이마에 까만 점이 두 개 있어.

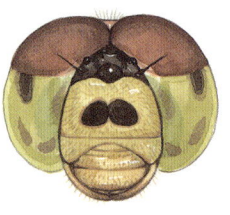

아기처럼 작은 애기좀잠자리와
기후 변화를 알리는 하나잠자리

애기좀잠자리는 꼬마잠자리보다 조금 더 큰 잠자리야.
많은 잠자리들이 더위를 피해 산으로 가는 8월이 되어야 나타나지.
우리나라 어디에서나 흔하게 볼 수 있어.

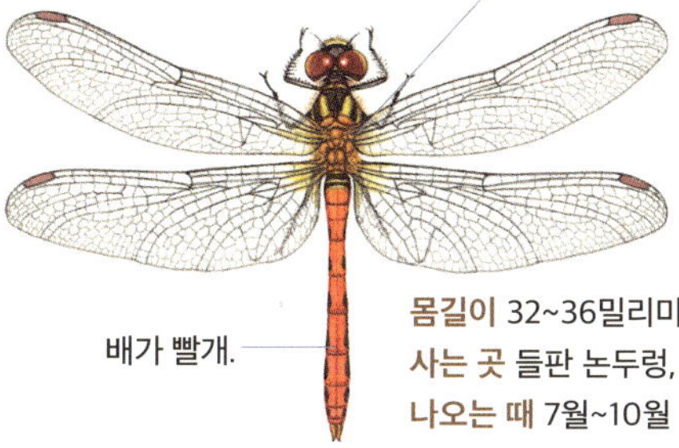

날개뿌리가 노래.

배가 빨개.

몸길이 32~36밀리미터
사는 곳 들판 논두렁, 연못, 웅덩이
나오는 때 7월~10월

애기좀잠자리 수컷

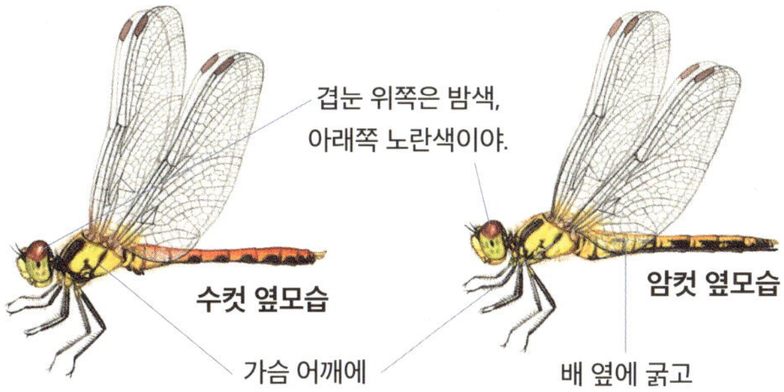

겹눈 위쪽은 밤색,
아래쪽 노란색이야.

수컷 옆모습

가슴 어깨에
까만 줄무늬가 있어.

암컷 옆모습

배 옆에 굵고
까만 점무늬가 있어.

애기좀잠자리 암컷이
여뀌 꽃에 앉았어.

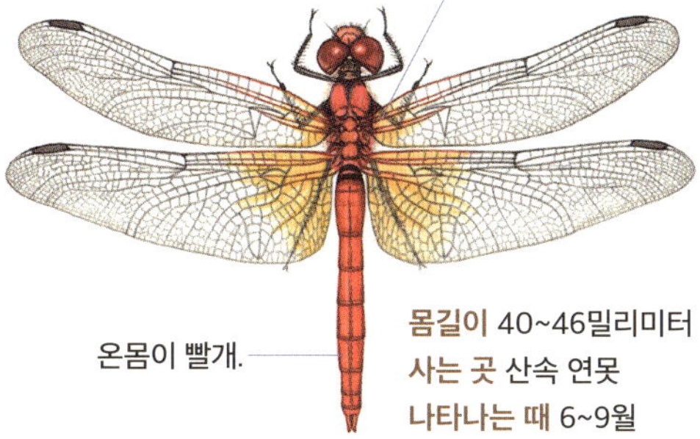

날개뿌리가 노래.

온몸이 빨개.

몸길이 40~46밀리미터
사는 곳 산속 연못
나타나는 때 6~9월

하나잠자리 수컷

옆가슴에는
까만 줄무늬가 있어.

수컷 옆모습

몸이 누레.

암컷 옆모습

배마디 옆쪽마다
까만 줄무늬가 있어.
배 밑은 까맣지.

하나잠자리는 1985년 제주도에서 처음 찾은 잠자리야.
동남아시아같이 더운 지방에 살던 잠자리인데 날이 차츰 더워지면서
우리나라로 올라왔어. 2002년까지 제주도에서만 볼 수 있었는데
지금은 우리나라 어디에서나 볼 수 있게 되었지.
그래서 환경부에서는 하나잠자리가 어디까지 이동하는지 지켜보면서
기후가 어떻게 바뀌고 있는지 살피고 있대.

허리가 하얀 노란허리잠자리

노란허리잠자리는 물이 느릿느릿 흐르는 강가나 호숫가에서 볼 수 있어.
허리 색깔이 하얀데 왜 노란허리잠자리라고 하는 걸까?

노란허리잠자리 수컷은 갓 날개돋이했을 때
세 번째, 네 번째 배마디가 노랗다가 어른이 되면 하얗게 바뀌어.
하지만 암컷은 다 커도 그대로 노란색이야.

노란허리잠자리 수컷은 한곳에 머물지 않고 쉴 새 없이 부지런히 날아다녀.
하지만 암컷은 풀숲에 숨어 있어서 쉽게 볼 수 없어. 짝짓기 때가 되면 그제야 물가로 날아와.

나비처럼 나풀나풀 나는 나비잠자리

나비잠자리를 처음 보면 나비와 헷갈릴 수도 있어.
커다란 뒷날개를 나풀거리며 나는 모습이 꼭 나비 같거든.
나비잠자리는 6월 말부터 9월까지 중부와 남부 지방에서 제법 많이 볼 수 있어.
물풀이 우거진 늪이나 연못에서 날아다녀.

뒷날개가 아주 넓어.

몸길이 36~42밀리미터
사는 곳 들판 연못, 늪
나오는 때 6월~9월

나비잠자리 수컷

암컷과 수컷 모두 날개무늬가 까매.

수컷 옆모습

날개가 푸르스름해.

날개가 까매.

암컷 옆모습

나비잠자리 수컷끼리 싸우는 모습이야. 나비와 닮았다고는 하지만 나비잠자리도 여느 잠자리처럼 자리다툼을 해.
나비처럼 나풀나풀 날다가도 자기 사는 곳에 다른 수컷이 들어오면 서로 날개를 부딪치며 싸워.

글 정광수

2002년부터 우리나라에 사는 잠자리를 찾아 온 나라를 돌아다녔습니다. 그렇게 발품을 해서 2007년 우리나라에 사는 잠자리 125종을 정리한 《한국의 잠자리 생태도감》을 펴냈습니다. 또 2011년에는 잠자리 애벌레만 따로 모아 《한국 잠자리 유충》과 2012년에는 길잡이 도감인 《한국의 잠자리》를 펴냈습니다. 2010년에는 우리나라에만 사는 한국개미허리왕잠자리를 맨 처음 찾아 신종으로 발표했습니다. 2007년부터 한국잠자리연구회를 세우고 세계잠자리학회(WDA)와 일본 잠자리학회(TOMBO) 회원으로 잠자리 연구에 힘쓰고 있습니다. 지금은 멸종위기종을 고르고, 우리나라에 사는 곤충 생태계를 함께 연구하면서 잠자리 생태를 여러 사람에게 알리고 있습니다. 《세밀화로 그린 보리 어린이 잠자리 도감》, 《잠자리 나들이 도감》에 글을 썼습니다.

그림 옥영관

서울에서 태어났습니다. 어릴 때 살던 동네는 아직 개발이 되지 않아 둘레에 산과 들판이 많았답니다. 그 속에서 마음껏 뛰어놀면서 늘 여러 가지 생물에 호기심을 가지고 자랐습니다. 홍익대학교 미술대학과 대학원에서 회화를 공부하고 작품 활동과 전시회를 여러 번 열었습니다. 또 8년 동안 방송국 애니메이션 동화를 그리기도 했습니다. 2012년부터 딱정벌레를 시작으로 세밀화 도감에 들어갈 그림을 그리고 있습니다. 《세밀화로 그린 보리 어린이 잠자리 도감》, 《잠자리 나들이 도감》, 《세밀화로 그린 보리 어린이 나비 도감》, 《나비 나들이 도감》, 《세밀화로 그린 큰도감 나비 도감》, 《세밀화로 보는 정부희 선생님 곤충 교실》(5권), 《세밀화로 그린 큰도감 딱정벌레 도감》에 그림을 그렸습니다.

으뜸 비행사
잠자리

2023년 9월 1일 1판 1쇄 펴냄 | 2024년 5월 27일 1판 2쇄 펴냄

글 정광수 | **그림** 옥영관
기획·편집 김종현
편집부 김누리, 김성재, 이경희, 임헌
디자인 오혜진 | **제작** 심준엽 | **영업마케팅** 김현정, 심규완, 양병희 | **영업관리** 안명선
새사업부 조서연 | **경영지원실** 노명아, 신종호, 차수민
분해와 인쇄 (주)로얄프로세스 | **제본** (주)상지사 P&B

펴낸이 유문숙 | **펴낸 곳** (주)도서출판 보리 | **출판등록** 1991년 8월 6일 제9-279호
주소 (10881) 경기도 파주시 직지길 492 | **전화** 031-955-3535 | **전송** 031-950-9501
누리집 www.boribook.com | **전자우편** bori@boribook.com

ⓒ 옥영관, 정광수, 김종현, 보리, 2023

이 책의 내용을 쓰고자 할 때는, 저작권자와 출판사의 허락을 받아야 합니다.
잘못된 책은 바꾸어 드립니다.
값 25,000원

보리는 나무 한 그루를 베어 낼 가치가 있는지 생각하며 책을 만듭니다.

ISBN 979-11-6314-320-8 (77470)

제품명 : 도서 제조자명 : (주) 도서출판 보리 주소 : (10881) 경기도 파주시 직지길 492 전화번호 : (031) 955-3535
제조년월 : 2024년 5월 제조국 : 대한민국 사용연령 : 3세 이상 주의사항 : 책의 모서리가 날카로우니 다치지 않게 주의하세요.
KC 마크는 이 제품이 공통안전기준에 적합하였음을 의미합니다.